朱雪菲　著

神王之国

良渚古城遗址

良渚文明丛书
Liangzhu Civilization Series

Realm of King and God

Liangzhu City

ZHEJIANG UNIVERSITY PRESS
浙江大学出版社

总序　Preface

良渚与中华五千年文明

刘　斌

时间与空间真是奇妙的组合，当我们仰望星空，看到浩瀚的宇宙，那些一闪一闪的星星，仿佛恒久不变地镶嵌在天幕中。然而，现代科学告诉我们，光年是距离单位，宇宙深处星点点射向我们的光线，来自遥远的过去。原来，时空的穿越，不过是俯仰之间。

考古，同样是这种俯仰之间的学问，由我们亲手开启的时光之门，将我们带回人类历史中每一个不同的瞬间。而距今 5000 年，就是一个特殊的时间点。

放眼世界，5000 年前是个文明诞生的大时代。世界上的几大流域，不约而同地孕育出早期文明，比如尼罗河流域的古埃及文明、两河流域的苏美尔文明、印度河流域的哈拉帕文明。那么，5000 年前的中华文明在哪里？这个问题困扰学界甚久。按照国际上通行的文明标准，城市、文字、青铜器……我们逐一比对，中国的古代文明似乎到出现了甲骨文的商代为止，便再难往前追溯了。

考古学上，我们把文字之前的历史称为"史前"。在中国的史前时代，距今 1 万年以来，在辽阔版图的不同地理单元中，就开始演绎出各具特色的文化序列。考古学上形象地称之为"满天星斗"。然而，中国的史前时代长久以来被低估了。一直以来，我们都是以夏商为文明探源的出发点，以黄河文明作为中华文明的核心，无形中降低了周围地区那些高规格遗迹遗物的历史地位，比如辽西的红山文化、江汉地区的石家河文化、太湖流域的良渚文化、晋南的陶寺文化、陕北的石峁遗址……随着探源脚步的迈进，我们才渐渐发现，"满天星斗"的文化中，有一些已然闪现出文明的火花。"良渚"就是其中一个特殊的个案。

大约在 5300 年前的长江下游地区，突然出现了一个尚玉的考古学文化——良渚文化。尽管在它之前，玉器就已广受尊崇，但在此时却达到空前的繁荣。与以往人们喜爱的装饰玉器不同，良渚人的玉器可不仅仅是美观的需要。这些玉器以玉琮为代表，并与钺、璜、璧、冠状饰、三叉形器、牌饰、锥形器、管等组成了玉礼器系统，或象征身份，或象征权力，或象征财富。那些至高无上的人被埋葬在土筑的高台上，配享的玉器种类一应俱全，显示出死者生前无限的尊贵。礼玉上常见刻绘有"神徽"形象，用以表达良渚人的统一信仰。这些玉器的拥有者是良渚的统治阶级，他们相信自己是神的化身，行使着神的旨意，随葬的玉器种类和数量显示出他们不同的等级和职责范围。我们在杭州余杭的反山、瑶山，常州武进的寺墩，江阴的高城墩，上海的福泉山等遗址中，都发现了极高等级的墓群。这就似乎将良渚文化的分布范围分割成不同的统治中心，呈现出小邦林立的局面。然而，历史偏偏给了余杭一个机会，在反山遗址的周围，越来越多的良渚文化遗址被发现，这种集中分布的遗址群落受到了良好的保护，使得考古工作得以在这片土地上稳步开展。到今天再来回望，这为良渚文明的确立提供了必要的前提。否则，谁会想到零星发现的遗址点，竟然是良渚古城这一王国之都的不同组成部分。

今天，在我们眼前所呈现的，是一个有 8 个故宫那么大的良渚古城（6.3 平方公里）。它有皇城、内城、外城三重结构，有宫殿与王陵，有城墙与护城河，有城内的水路交通体系，有城外的水利系统，作为国都，其规格已绰绰有余。除了文字和青铜器，良渚文化在各个方面均已达到国家文明的要求。其实，只要打开思路，我们会发现，通行的文明标准不应成为判断一个文化是否进入文明社会的生硬公式。青铜器在文明社会中承载的礼制规范的意义，在良渚文化中是体现在玉器上的。文字是记录语言、传承思想文化的工具，在良渚文化中，虽然尚未发现文字系统，但那些镌刻在玉礼器上的标识，也极大程度地统一着人们的思想，而大型建筑工事所反映出的良渚社会超强的组织管理能力，也透露出当时一定存在着某种与文字相当的信息传递方式。因此，良渚古城的发现，使良渚文明的确立一锤定音。

如今，良渚考古已经走过了 80 多个年头。从 1936 年施昕更先生第一次发现良渚的黑皮陶和石质工具开始，到今天我们将其定义成中国古代第一个进入早期国家的区域文明；从 1959 年夏鼐先生提出"良渚文化"的命名，学界逐渐开始了解这一文化的种种个性特点，到今天我们对良渚文明进行多领域、全方位的考古学研究与阐释，良渚的国家形态愈发丰满起来。这一系列丛书，主要是由浙江省文物考古研究所致力于良渚考古的中青年学者，围绕近年来杭州市余杭区瓶窑镇良渚古城遗址的考古发现与研究，集体编纂而成，内含极其庞大的信息量。其中，包含有公众希望了解的良渚古城遗址的方方面面、良渚考古的历程、良渚时期古环境与动植物信息、代表了良渚文明最高等级墓地的反山王陵、为人们津津乐道的良渚高等级玉器、供应日常所需林林总总的良渚陶器……还有专门将良渚置于世界文明古国之林的中外文明比对，以及从媒体人角度看待良渚的妙趣横生的系列报道汇编。相信这套丛书会激起读者对良渚文明的兴趣，从而启发更多的人探索我们的历史。

可能很多人不禁要问：良渚文明和中华文明是什么样的关系？因为在近现代历史的观念里，我们是华夏儿女，我们不知道有一个"良渚"。其实，这不难理解。我们观念里的文明，是夏商以降、周秦汉唐传续至今的，在黄河流域建立政权的国家文明，是大一统的中华文明。考古学界启动"中华文明探源工程"，为的就是了解最初的文明是怎样的形态。因此，我们不该对最初的文明社会有过多的预设。在距今 5000 年的节点上，我们发现了良渚文明是一种区域性的文明。由此推及其他的区域，辽西可能存在红山文明，长江中游可能存在石家河文明，只是因为考古发现的局限，我们还不能确定这些文明形态是否真实。良渚文明在距今 4300 年后渐渐没落了，但文明的因素却随着良渚玉器得到了有序的传承，影响力遍及九州。由此可见，区域性的文明实际上有全局性的影响力。

人类的迁徙、交往，从旧石器时代开始从未间断。不同规模、不同程度、不同形式的人口流动，造成了文化与文化间的碰撞、交流与融合。区域性的文明也是一个动态的过程。目前来看，良渚文明是我们所能确证的中国最早文明，在这之后的 1000 多年，陶寺、石峁、二里头的相继繁荣，使得区域文明的重心不断地发生变化。在这个持续的过程中，礼制规范、等级社会模式、城市架构等文明因素不断地传承、交汇，直至夏商。其实，夏商两支文化也是不同地区各自演进发展所至，夏商的更替，其实也是两个区域性文明的轮流坐庄，只是此时的区域遍及更大的范围，此时的文明正在逐鹿中原。真正大一统的中央集权国家，要从秦朝算起。这样看来，从良渚到商周，正是中华文明从区域性文明向大一统逐步汇聚的一个连续不断的过程，万万不可将之割裂。

2019 年 5 月于良渚

目录 Contents

Realm of King and God:
Liangzhu City

神王之国：良渚古城遗址

第一章　关于"良渚"的几个概念

　　我们说"良渚"，是我们想要人们将这中华五千年文明可视、可触的直观印象铭记于心。可到底什么是"良渚"？良渚古城是不是就是良渚王国？良渚文化是不是就是良渚文明？"良渚"这么有名，但为什么其重要发现都集聚在瓶窑镇？

　　理清了这几个概念，我们就会觉得"良渚"更加亲切了。

　　首先说说"良渚遗址"。遗址这个概念内涵很小；遗址分很多种，有可能是一个墓地，有可能是一个古村落，有可能是一个古战场，林林总总，不一而足。通常在某一个具体的地点，用当地的一个村、一个乡镇、一个山头、一条河或附近某个标志性建筑的名称来命名它，这样人们很容易就能知道这个遗址大概在什么位置。而良渚遗址，就是当时良渚镇上一批史前遗址的统称，它是以乡镇名来命名的。当时的浙江省立西湖博物馆（今浙江省博物馆）有一位十分有心的职员名叫施昕更（图 1-1），他于 1936 年 12 月至次年 3 月，在其家乡余杭良渚一带，发现了以黑陶（图 1-2）为特征的十余处新石器时代遗址，也就是我们后来说的良渚遗址。具体到每一个遗址上，还有一个个更小的地名，比如棋盘坟、横圩里、钟家村等。

图 1-1 施昕更

1911—1939 年，浙江杭县良渚人。1931 年，于浙江省立西湖博物馆任自然科学部地质矿产组助理干事。1936 年参加杭州古荡遗址的发掘，通过对古荡遗址出土器物的整理，联想到家乡类似的文物遗存，便促成了 1936—1937 年间在良渚开展的考古调查与发掘工作。1939 年，因积劳成疾，英年早逝

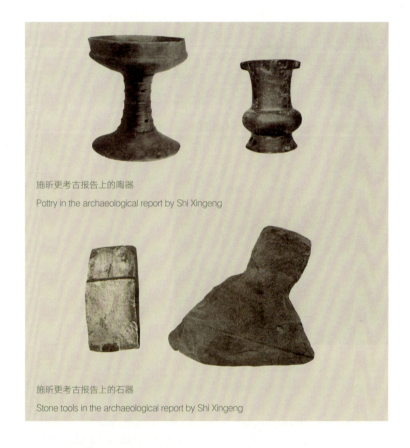

施昕更考古报告上的陶器
Pottry in the archaeological report by Shi Xingeng

施昕更考古报告上的石器
Stone tools in the archaeological report by Shi Xingeng

图 1-2　施昕更早年发掘所得良渚文化遗物

黑皮陶豆（上左）；双鼻壶（上右）；石锛（下左）；斜刃石刀（下右）

　　然后是"良渚文化"。这里的"文化"，和我们平时说一个人有文化、有学识的意思是不一样的。这个"文化"是考古学上的概念，特指在一定的地域、一定的时间范围内，由人类活动创造的具有特点的物质文化的总和。当考古学家发现某个地区，集中、频繁地出土一些具有同类物质文化面貌的遗存时，通常会以首个发现地的名称来命名这种考古学文化。这个地区的范围，有时是很广大的。比如良渚文化，所涵盖的地区范围几乎覆盖了整个长江下游，又以太湖流域的遗址点分布最为密集。我们对它年代的认识，是距今5300～4300年，如果和约公元前2070年所建立的夏朝相比，良渚文化出现的时间更早。这一时期人们的生活并没有我们想象的那么原始，农业（如水稻种植）和手工业都已经相当发达。日常生活用具以石器（图1-3）和陶器（图1-4）为主，而治玉与雕刻工艺、漆器工艺、大小木作工艺等，均已达到令今人叹为观止的水平。由各处大大小小的墓地中出现的随葬品等级来看，良渚的社会，已经是一个等级社会。

图 1-3　良渚文化的典型石器

图 1-4　良渚文化的典型陶器

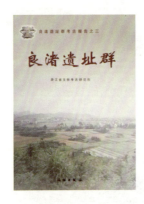

图 1-5 《良渚遗址群》考古报告封面

2005 年，浙江省文物考古研究所出版了考古报告《良渚遗址群》，该报告
汇集了瓶窑、良渚两镇的百余处良渚文化遗址的信息

接下来说说"良渚古城"。良渚古城是良渚文化众多遗址中的一个，就位于瓶窑镇东 104 国道以北。这个遗址的特殊之处在于，它是一个"遗址群"（图 1-5），是由许许多多被逐渐发现并认识的遗址点组成的整体。它有城墙、城门，有护城河，有宫殿区、墓葬区、手工业作坊区，还有外郭城……它不是一个单一的墓地或居址，而是很多具有不同功能的遗址的聚合，呈现出一个古城的形制。称其为"良渚古城"，并不是说它位于良渚，而是因为这整个古城的文化属性是良渚文化。

在良渚古城的基础上，我们又提出了一个概念——"良渚王国"。

这是一个带有政权性质的概念。这一概念使良渚文化升级为一个处于集权统治下的国家。当然，若以良渚古城为国都，目前还不能够论证这个王国的直接统治范围有多大。我们可以比照一下2200多年前的战国时代，当时有的国家的面积甚至还不如今天的浙江省。其实在当今世界，很多国家的面积也都非常有限。因此，良渚王国的直接统治范围可能并不大，边界也还比较模糊。而我们所能了解的，目前只是这一王国都城的规模与范围。但正是具有都城性质的良渚古城被发现，才促成了"良渚王国"这一早期国家概念的诞生。

有了古城，有了王国，"文明"的提法才有所凭据。这里的"文明"，并不是日常生活中"创建卫生文明城市"的"文明"，而是社会复杂化过程中的一个关键节点。判断一个社会有没有进入文明时期，国际上是有一系列标准的，比如：出现城市和等级社会，开始使用文字、青铜器，出现复杂的礼仪性建筑等。这些标准是国外考古界对人类社会的演进情况进行归纳得出的结论，我们照搬使用了很多年，这也成了我们认识自身文明形态特征的阻力。良渚古城的发现，则突破了文明探源的瓶颈。它的城市规制、社会等级、权力分配、分工体系、组织管理和统一信仰，在玉质礼器的制作、城墙和高台的堆筑、水利设施的建设等方面得到了充分的体现。因此可以认为，良渚古城所代表的良渚文化高度发展，进入了文明时期。这就有了实证中华五千年文明史的"良渚文明"。

Realm of King and God:
Liangzhu City

神王之国：良渚古城遗址

第二章　良渚古城的文化区位

图 2-1　仰韶文化以红陶、彩陶为主要特征

　　余杭区瓶窑镇是良渚古城的一个地理行政区位，可文化区位除了地理位置外，还包括它在整个良渚文化分布区内的位置、在整个良渚文化中的时代跨度、在中国境内当时的史前文化体系中的地位等。

　　20 世纪 20 年代末期，中国的近代考古学诞生在黄河流域。最初，我们对史前时代的探讨形成了以红陶、彩陶为主要特征的黄河中上游地区的仰韶文化（图 2-1）和以黑陶为主要特征的黄河下游地区的龙山文化（图 2-2）这两大文化系统并列的局面。

图 2-2　龙山文化以黑陶为主要特征

　　仰韶文化距今 7000～5000 年，因河南渑池仰韶村遗址而得名，主要分布于陕西省、河南省、山西省、甘肃省、内蒙古自治区等中原及邻近中原的地区。陶器制法多为泥条盘筑，较晚出现慢轮修整，多红陶，彩陶工艺发达。最具特色的陶器器形有小口尖底瓶、细颈壶、葫芦瓶、钵、盆、罐等。陶器器表流行拍印绳纹、线纹等。彩陶多为以烧前的黑彩绘制各类几何装饰纹样或人物、动物类图案。石器常见石斧、石铲、石刀、石凿等。聚落形态则以半坡类型的向心式布局最为显著，晚期出现长屋和连间的排房。农业以旱作农业为主，饲养猪、狗和鸡。

　　当然，考古工作者很快就发现了龙山文化是出现时间介于仰韶文化和殷商文化之间的一种文化。龙山文化的年代整体上晚于仰韶文化，其距今 4600～4000 年，因山东济南城子崖遗址而得名，其分布范围包括山东省全境，江苏省、安徽省北部，以及河南省东部的部分地区。陶器以灰陶、黑陶为主，磨光陶的占比较大。轮制技术普遍。陶器器形主要有鼎、鬶、甗、豆、高柄杯、环足盘等，并以蛋壳黑陶、白陶器最为精美。陶器器表常见弦纹、篮纹、附加堆纹、刻划纹、镂孔等。石器主要有石斧、石锛、石凿、石镰、石刀、石钺、石镞等。此时，制作精美的玉器开始流行，镂雕技术、绿松石镶嵌工艺高超，并出现金属冶铸手工业。农业发达，除了粟、黍之外，也开始种植水稻。聚落间出现了明显的等级分化。

图 2-3　古荡遗址的发掘

图 2-4 《良渚：杭县第二区黑陶文化遗址
初步报告》封面

就在仰韶文化与龙山文化相继被认识的学术背景下，华东地区的
文物工作也逐渐展开，开启了对长三角地区古文化发展历史的探索。
1936 年 5 月，施昕更参与杭州古荡遗址的试掘（图 2-3）时，联想起
自己在家乡见到的一些黑陶和石器。但那个时候，黑陶被普遍认为是
龙山文化的遗物。而后施昕更对良渚棋盘坟、横圩里、茅庵前等 6 处
遗址进行了小规模发掘，并出版了《良渚：杭县第二区黑陶文化遗址

图 2-5　梁思永

初步报告》（图 2-4）一书。但当时，在梁思永 ① （图 2-5）先生《龙山文化——中国文明的史前期之一》一文中，"杭州湾区"与"山东沿海区""豫北区"仍共同作为龙山文化的三大区块。

图 2-6　夏鼐

1910—1985 年，浙江温州人。新中国考古事业的主要指导者和组织者。1934 年毕业于清华大学历史系。1935—1939 年留学英国伦敦大学，获埃及考古学博士学位。1950—1982 年，先后任中国科学院考古研究所副所长、所长。在中国新石器时代和商周考古方面，以及中西交通史与中国科技史方面做出了重要贡献。著有《考古学论文集》《考古学和科技史》，其学术成果收入《夏鼐文集》

　　1953 年，中央人民政府文化部成立华东文物工作队，发掘了杭州老和山遗址（即古荡遗址）。随后几年中，江苏无锡仙蠡墩，浙江杭州良渚朱村兜、半山水田畈以及浙江湖州钱山漾、邱城等遗址的发掘，使得学界开始注意到长江下游的原始文化与龙山文化的区别。1959 年，夏鼐（图 2-6）先生正式提出了"良渚文化"这个名称。20 世纪 70—80 年代，通过江苏吴县草鞋山、张陵山，江苏常州武进寺墩（图 2-7），上海青浦福泉山（图 2-8）等良渚贵族大墓的发现，以及江苏常州圩墩、吴县澄湖，上海青浦崧泽，浙江嘉兴雀幕桥、海宁千金角、平湖平丘墩等遗址的发掘，学界又逐渐认识到长江下游的考古学文化有其自身独特的谱系。最终，在苏秉琦（图 2-9）先生区系类型理论下，太湖—钱塘江地区成了类型独立的文化区，良渚文化成了此地一支具有地方特色的考古学文化。

图 2-7　江苏常州武进寺墩大墓

图 2-8　上海青浦福泉山大墓

图 2-9 苏秉琦

1909—1997 年，河北高阳人。新中国考古事业的指导者，大学考古学教育的创始人之一。
1934 年毕业于国立北平师范大学（今北京师范大学）历史系。1952—1982 年主持北京大学
历史系考古专业教学工作。注重田野考古调查与发掘工作，主持陕西宝鸡斗鸡台沟东区墓葬、
河南洛阳中州路（西工段）沿线的发掘，开创了中国考古学文化区系类型理论，其对中国文明
起源的研究在学术界影响深远。主要著作有《瓦鬲之研究》《中国文明起源新探》等

对比江阴高城墩、武进寺墩、吴县草鞋山、青浦福泉山等环太湖地区的几个高等级的中心聚落，良渚文化目前可见的最高规格的中心聚落——良渚古城，竟然偏居于南部山前的一个盆地里。这和我们观念里那种中心聚落位于中央、影响范围同心圆式地向外扩展的文化分布模式不同。这首先应是基于资源优势和地理条件而做出的选择。那么，它是否统治了平原地区？或者以何种方式维系这些平原聚落统一的文化面貌与信仰体系？或者需不需要有其他的地域中心一起维护统治？是否还有其他离心离德的地域中心与之对抗？这些引人深思的问题，是王国体系下的"良渚"无法回避的，也是未来叙述良渚故事的一个角度。

良渚古城的时代跨度，基本贯穿了整个良渚文化。良渚人在5000年前就开始规划这个地区的生存环境，通过修建水坝、开掘水道、堆筑高台等一系列大型工事，在此地营建王都。此时，整个长江下游地区可能并没有同时进入良渚文化的范畴，比如，太湖西北部地区很多土著文化特征鲜明，与典型的良渚文化存在区别。古城沿用到了良渚文化晚期，由于人口增长、居住用地加大，城内的出土遗物也最为丰富。而此时的长江下游地区，整齐划一地使用着良渚文化的器用，实行着良渚文化的制度，可见其日渐增强的约束力。

图 2-10　牛河梁遗址——积石冢群

　　而此时的中原，尚未发现有可与良渚古城等级匹敌的中心聚落。但辽西地区红山文化的牛河梁遗址 [①]（图 2-10）和江汉地区石家河文

① 　牛河梁文化距今 5300~4800 年，其遗址位于辽宁建平与凌源交界处努鲁尔虎山的山谷间，坐落于东西长 10 千米、南北宽 5 千米的山冈上，有规律地分布着女神庙、祭坛和积石冢群，组成规模较大的史前祭祀遗址群。

图 2-11　石家河遗址

化的石家河遗址^①（图 2-11），却已闪现出文明的因素。相信通过今后的考古发掘与资料整合，我们能够见证 5000 年前，中国各大区域文明的诞生。

----

① 　石家河文化距今 4600~4000 年，其遗址位于湖北天门石河镇，是一座面积约为 120 万平方米、平面略呈圆角长方形的史前城址。城址上发现有夯土城墙与护城河。城内分布着邓家湾、谭家岭、肖家屋脊、三房湾、罗家柏岭等大型遗址，发现大量房址、墓葬、灰坑和一些祭祀遗迹。

Realm of King and God:
Liangzhu City

神王之国：良渚古城遗址

第三章　择中立国
——良渚王国的都城营建

图 3-1 良渚古城整体结构

　　"古之王者，择天下之中而立国"的思想，在良渚人营都之时大概就已经萌芽了。这是整个长江下游地区史前社会发展进程中的第一次质变，更是"满天星斗"的史前文化数千纪以来碰撞融合、竞相盛放中的第一个王国。

　　良渚古城遗址（图3-1）位于余杭区中部，跨瓶窑镇与良渚街道两地，地处浙西山地与杭嘉湖平原交接处的Ｃ形盆地。整个遗址群北、西、南三面为天目山支脉所环绕，资源丰富，内有东苕溪从西南向东北贯穿而过。遗址群内水网密布，孤丘散落。C形盆地东北方直通太湖，地势低平，是主要的对外通道和重要的水稻产区。独特的地理位置造就了C形盆地显著的资源优势和优越的战略地位，奠定了良渚王国定都立国的地理基础。同时，为了调控山间的水资源，满足防洪、运输、灌溉等需求，良渚人在古城的西北方向建造了目前所知世界上最早的大型水利工程，直接控制着包括古城在内近百平方千米的广袤国土。

我们现在所认识的良渚古城，主要由古城核心区的"三重城"及城外祭祀遗迹和水利系统组成。城圈内的面积大约有3平方千米，算上外城则有6.3平方千米。而古城直接控制了C形盆地内40多平方千米的范围，在这一范围内就集中分布着100多处不同等级的良渚文化遗址。

良渚人营建国都，预先的规划颇为令人惊讶。他们利用当时的高地与水网条件，规划居住台地与水路交通要道，将堆筑高台与开挖水道合成一件工事；且对于不同施工阶段、不同施工条件下如何采用施工便道、如何使用不同性能的建筑材料、如何边修筑边维护等，他们也有成熟的把握。

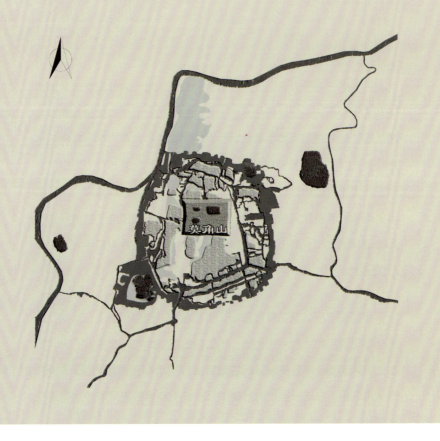

图 3-2　早期的古城格局

　　当然，古城的发展是动态的。考古人通过钻探与发掘，发现经确认的早期台地多分布于城圈以内、河道两侧。早期古城内（图 3-2）河网密集，但随着时间的推移，河道为大量的生活垃圾淤塞，人口也日益增多，为了扩大居住用地，便在淤塞的河道上继续堆筑黄土，

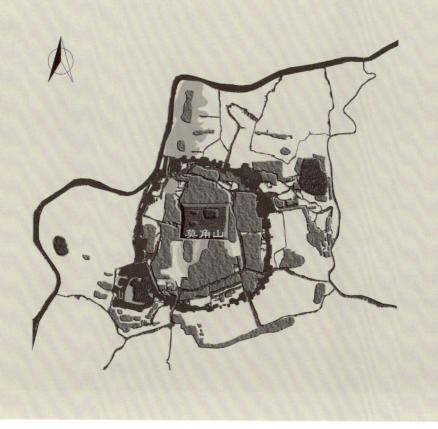

图 3-3　晚期的古城格局

形成新的生活区。到了晚期（图 3-3），不仅城内大片区域都用来居住，生存空间还向城外蔓延。城墙的功能开始丧失，而后逐渐沦为驻地，城外堆筑起了断续接连的居住台地，最终形成了古城的核心（图 3-4）——由内向外的"三重城"结构。

图 3-4　良渚古城核心区结构

图 3-5　从大莫角山南眺的视野范围

　　"三重城"结构的中心为面积约 30 万平方米的莫角山宫殿区，其外有 6 千米长的城墙围绕着的内城，最外侧为扁担山、里山、卞家山等台地围起的外城，形成类似后世都城的宫城、皇城、外郭的三重结构体系。站在宫殿区一个叫"大莫角山"的台地上，向南眺望（图 3-5），不远处另有一个叫"皇坟山"的人工高台与之相对，而远处又正对着大观山的尖顶。皇坟山的考古工作尚未正式开展，除了出土

图 3-6　寺墩山 M1

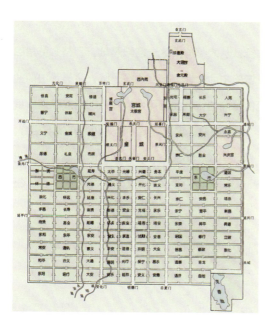

图 3-7　唐朝长安城平面图

过一座高等级贵族墓（图 3-6）外，还没有别的发现。目前还只能推测其是与大莫角山相辉映的某种礼制建筑。这就像是古城内的一条中轴线，尽管城内功能区的划分并没有体现出东西对等，但在中轴线上设立连续的高等级场所，足以说明中轴线的重要性。这与历史时期对称的都城布局虽然没有必然联系，可这种以“中”为尊的建城理念却也与后人的建城理念相去不远（图 3-7）。从整个核心区建筑的高度上，也可以看出这一理念。从大莫角山这一宫殿基址，到整个莫角山台地，到城墙，再到外城的生活台地，高度逐级下降，突显了山前盆地内宫殿区中核心建筑的至高地位。我们可以以今人的角度来理解良渚人的设计理念——以"中"为尊，这也与城内的等级分布情况相合。我们在很长的时间内，都没有关于 5000 年前的国家的概念，认为史前的古人还在结绳记事、刀耕火种中缓缓地走着，却不曾想，良渚王国早已一跃而起。

　　原来，古今一体竟是这么神奇。

Realm of King and God:
Liangzhu City

神王之国：良渚古城遗址

第四章　神王之所
——内城中心的高台宫殿区

图 4-1　莫角山宫殿区的遗迹分布

　　古城城圈的范围内，正中有一个明显凸起的高台，当地俗称"莫角山"。这儿以前是大观山果园的桃林，正因为是国营农场，它幸运地避开了被垦为农田或取土烧砖的命运而被保存了下来。

　　从数字高程模型上，我们能很直观地看到莫角山高台。它是一个几近正南北向的长方形覆斗状的高台，形状十分规整，上部还分布了三个长方形的小土台。考古人员早在 20 世纪 90 年代就已经明确，莫角山高台是由人工堆筑而成的。为了进一步了解高台的性质，考古人员在高台上部、高台的各处边坡等以探沟的方式，做了局部的解剖，并对上部小土台做了全面的发掘，最后结合钻探的成果，复原了莫角山高台上的建筑遗迹分布。

从莫角山宫殿区的遗迹分布（图4-1）中我们了解到，莫角山高台底部东西长约630米，南北宽约450米。顶部又堆筑起三个近"品"字形排列的台基，东侧的叫作"大莫角山"，西侧北部的叫作"小莫角山"，西侧南部的叫作"乌龟山"，这三个台基上原本都应分布有成排的房屋基址。除乌龟山台基表面因后期破坏严重而未有发现外，大、小莫角山上的房屋基址，均排列有序。三个台基之间分布着近曲尺形的沙土广场，占地面积达7万平方米，广场南部及东部也有排列有序的房屋基址。此外，高台局部发现一些断续的石头墙基、加固边坡的石磡和木桩、有意布设的盲沟等遗迹现象。

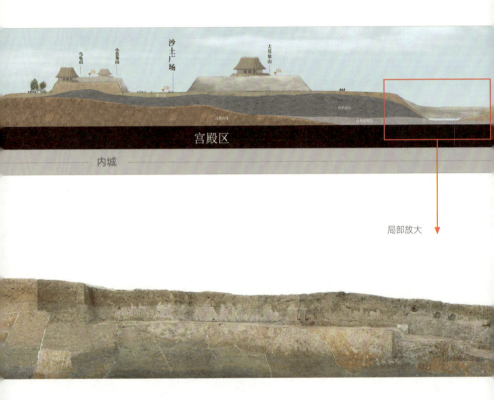

图 4-2（上） 莫角山东西向整体大剖面示意

图 4-3（下） 莫角山东坡（图片显示左西右东）呈块垄状分布的黄土堆筑层剖面

为了更好地了解整个台地的堆筑过程，借助于整体大剖面示意图（图4-2），我们发现莫角山高台底部地势西高东低，西部的自然山体是堆筑台地的依托，而东半部台地则直接堆筑在沼泽相的软地基上。在最初堆筑台基基础的时候，附近沼泽地内的青淤泥首先成了堆筑建材。除了直接将沼泽清淤后的淤土用来堆高台地外，有些局部还使用了"草包泥"的堆筑工艺。台地顶部规划有三个台基的位置，先进行了预先的加高，而后再将其继续加高，形成凸起的台基。沼泽经取土后，局部变成人工水面，可与河流连通。整个台基顶部的平均海拔约12米，台基西部利用了部分自然山体，人工堆高2～6米，而东部地势低，人工堆筑层可达10～12米。

莫角山东坡的"黄土堆筑层剖面"（图4-3）中显示，在底部青灰色淤土堆筑层上，黄土堆筑层不是我们想象中的水平层理结构，而是呈块垄状的。这表示一次堆筑行为可能存在类似于版筑的方式，即先将黄土集中堆成一垄，再将每一垄土有限制地堆筑成形，然后再堆下一垄。

图 4-4　莫角山西南坡发现的大面积草包泥堆筑层

　　而在莫角山西南坡的发掘中，考古人员发现了一种与莫角山东坡块垄状黄土堆筑方式不同的更为先进的堆筑方式——草包泥堆筑工艺（图 4-4）。后续的发掘也表明，这种堆筑方式在良渚古城内人工堆筑的建筑台地上普遍可见，它使用的是古城中最具标志性的建材——草包泥。根据发掘出来的草包泥，我们发现单个完整草包泥（图 4-5、图 4-6）一般长 40 厘米、宽 10 厘米、厚 8 厘米，重约 6 公斤。较之直接运土堆筑而言，以草包泥为建材，虽多了一个提前预制的工作步

图 4-5（左）　单个完整草包泥
图 4-6（右）　进行整体提取的一块草包泥

骤，但却使得装卸更加方便，垒筑更加牢固，也便于分工协作、提高
工作效率。相比单纯的堆土，草包泥工艺（图 4-7）类似于现代的编
织袋装土工艺，其采用纵横交错的方式堆筑，提高了坝体的强度，并
加快了固结过程，有利于快速施工和稳定。经过测定，草包泥外部
包裹的植物茎秆是由禾本科的茅荻组成的，内部土样包含湿地、浅水
植物。根据茅荻的花果期推测，良渚人是在秋冬季节就近利用沼泽取
土，用茅荻包裹后以竹条捆扎来制作草包泥的。

图 4-7　草包泥的制作流程复原

　　这种利用草包泥堆筑出来的建筑形式，是良渚先民高超的筑城技术的体现。

图 4-8　莫角山西坡的脚手片与箱笼类遗迹

　　在莫角山西坡草包泥堆筑层底的河道淤泥中，考古人员还发现了三片并排铺垫、总长约 6.9 米的竹编脚手片（图 4-8），推测其最初的作用类似于码头栈桥，便于堆筑草包泥时踩踏行进。竹片两侧有成排的木桩，木桩底部削尖，扎入河道淤土内，木桩顶部有榫卯结构，制作考究，是在堆筑草包泥的施工过程中使用的。随着发掘的进行，木桩被揭露的范围扩大，呈现出了纵横交错的框架形结构。这一结构类似于箱笼一类，可以起到加固的作用。

图 4-9　沙土广场的夯筑遗迹

图 4-10　沙土广场上柱坑内的大柱洞及辅助柱洞

柱坑内多见柱洞遗迹，其内填土呈疏松的浅灰色细沙土，
应是柱子拔除后的淤土或柱子朽烂后的渗透土

　　莫角山中部的"品"字形台基之间分布着的沙土广场，是以一层沙、一层泥相间的方式夯筑（图 4-9）而成的。沙主要取用河沙，掺杂泥土与石头颗粒，泥土与堆筑台基的黄土一致，夯筑后的地面质地坚硬。对沙土广场进行解剖后发现，沙土广场直接建筑于台基基部的青灰土之上，夯筑厚度达 130 厘米，各夯层厚 5～25 厘米。沙土面上见有成排的柱坑（图 4-10），推测应有建筑遗迹。

图 4-11　大莫角山土台建筑复原图（金雪　绘）

　　莫角山高台位于古城之中如此尊贵的位置，想来应是权贵之人的活动场所。最为合理的解释，就应该是类似于后世的宫殿。因此，我们也把莫角山高台称为"宫殿区"。

　　莫角山高台上面积最大的土台叫大莫角山（图 4-11），它也是整个城内的最高点，海拔最高处为 18 米，相对莫角山高台有 6 米高。放眼四顾，视野开阔，大有一种君临天下的感觉。大莫角山土台为覆斗形长方体，台底东西长约 175 米、南北宽约 88 米，底部面积约为 1.5 万平方米。其四周围绕着东西长 180 米、南北宽 110 米的围沟，总面积约为 2 万平方米。从解剖发掘（图 4-12）的情况看，土台底部

图 4-12　大莫角山南坡围沟及台基基础部分的木板遗迹

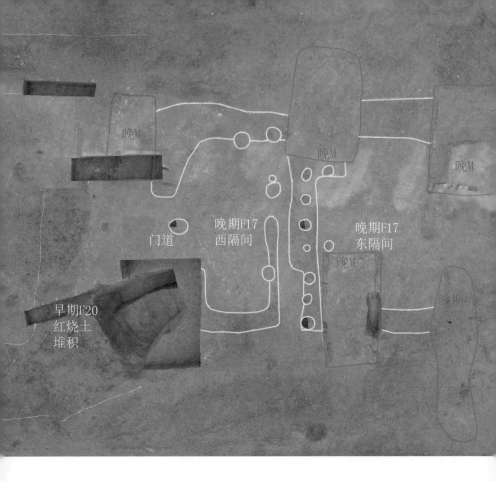

图 4-13　小莫角山 F17

的青灰色堆筑土上铺垫有一层纵横交错的方木，可以令大莫角山土台更具整体性和平衡感。

在大、小莫角山上及沙土广场周边，都发现了一些地面起建的方形房址，可惜墙体早已无存。我们只能通过高起于台基表面的房屋基础来判断房屋的规模。大莫角山上分布有南北两排房屋，共7座；小莫角山上分布有一排，共4座。大的房址有900多平方米，小的也有200～300平方米。房屋基础上有的残留沟槽遗迹，有的沟槽内有成排的柱洞。根据基槽和柱洞的分布状况，我们可以推测房屋的形态，辨识出一些隔间、檐廊、活动面之类的结构。如位于小莫角山的F17（图4-13），其房屋台基呈东西长17.7米、南北宽12.7米的长方形，顶部海拔约为17米，总面积约为220平方米。台基上发现分间式房址，房址面积超过100平方米，可分东西两室，分别有基槽围绕。基槽内的柱洞表明有墙内立柱。门道朝西，室内未发现灶坑类遗迹。

沙土广场的具体性质不明，但通过周围房屋的排布来看，广场中心是非常宽阔的，表面又为沙质夯土所覆盖，在多雨的南方并不会太过泥泞，正适合举行一些大型的礼仪性活动。这是与宫殿区的功能相呼应的。

图 4-14　疑似为宫殿建筑的墙块

而莫角山台地北侧古河道航段里出土的一些草拌泥墙块，也有助于我们理解王国内建筑的规格。如图 4-14 所示的这件转角墙块，和今天的土坯房墙体外观已没有太大的差别。外壁涂刷淘洗得较细腻的泥浆，烧制干燥，墙体坚硬。外表墙皮泛乳白色，修治得十分光滑平整。内侧仍可见有尚未腐朽的细竹竿，这类似于今天水泥块中的钢筋，用以增加墙体的强度。

莫角山高台上的建筑遗迹之间，很少发生考古学中所称的"层位关系"。三个"品"字形台基各自独立。其上分布的房址之间，也几乎是相互独立的。除了小莫角山之上较早阶段的 F20 为稍晚的两座房址叠压外，其他房址建筑的先后关系难以判断。另外，房屋使用阶段产生的生活垃圾，可能被集中处理过，这就造成了莫角山台基上没有足够的遗物用以判断宫殿建筑的年代。这不得不使考古人员换一种思路看问题。既然整个莫角山高台的堆筑，是预先规划了三个台基的位置的，那相当于可以认为，莫角山高台的堆筑，就是为了在更突出的台基上营建宫殿建筑，而宫殿建筑的排布又井然有序。这是一整个有计划的宫殿营建工程，在时代跨度上，可以认为是属于同一个阶段。

图 4-15 莫角山东坡至钟家港古河道的结构解剖

2017 年解剖的莫角山东坡坡脚至钟家港古河道（图片显示左东右西），生动展示了人们堆筑
生活用地与河道变迁"水进人退、水退人进"的关系

　　既然如此，那莫角山高台的起筑时间，就应该代表着整个宫殿区的营建时间。考古人员选择在莫角山的东坡，向东做探沟解剖，即从莫角山东坡的坡脚直至其东部的河道——钟家港（图4-15）。通过解剖，我们了解到莫角山东坡与钟家港古河道的堆积过程大致可分为四个阶段。

　　第一阶段，剖面上表现古河道堆积，出土遗物很少。这是人们在此处疏浚河道，形成运河，并用淤土堆筑其西侧莫角山高台的时期，也就是莫角山的起筑阶段。紧接着的第二阶段，人们利用灰粉砂层再次堆筑西侧莫角山高台，人们在台地上生活，往台地边缘的河道中倾倒破损陶器、漆木器、动物骨头等生活垃圾。并且，为了扩大台地，用灰淤泥和灰黄色草包泥将古河道拦腰截断，从而将西侧莫角山高台与东侧台地连为一体。这两个阶段年代接近，距今5000年左右。

　　第三阶段，利用黄黏土将西侧莫角山高台与东侧台地连接处的台地继续增高。第四阶段，连接处台地继续增筑并加宽，其表面多次铺垫砂层，可能是作为居住区域来营建房屋。这两个阶段距今4900～4500年。

　　借助碳-14测年技术与第一、第二阶段的出土遗物，我们可以确定莫角山宫殿区的建设，就是良渚人营建古城之初的规划项目之一。

Realm of King and God:
Liangzhu City

神王之国：良渚古城遗址

第五章　水乡生活的缩影
——钟家港河道的重大收获

临水而居的水乡模式

图 5-1　钟家港古河道位置

　　5000 年前良渚人的生活远比我们今天想象的精致。就在莫角山宫殿区东侧的钟家港古河道里，我们发现了大量可以用来窥见良渚人生活中各个方面的实物证据。

　　钟家港古河道 (图 5-1) 大致呈西北—东南走向，南起良渚港，北接内城河，是修筑古城之初贯通古城南北的主干道。经考古勘探确认，钟家港总长度约为 1000 米，宽 18～80 米，深约 3 米。

西岸台地
（李家山）

钟家港南段

东岸台地
（钟家村）

图 5-2　两岸台地显示出夹河而居的水乡模式

　　钟家港古河道的发掘分为南段、中段、北段三个区域。钟家港南段河道两岸（图 5-2）分布着许多良渚文化时期人工修筑的台地。台地的形成往往都是动态的过程。通过解剖发掘和钻探发现，随着河道的淤塞，人们会定期进行清淤，多次清淤后台地逐渐加宽，而在台地上生活的人们，又会将生活垃圾倾倒入河中，因此河道逐渐变窄变浅。南段河道的发掘显示出东西两岸堆积情况有所不同。

图 5-3　李家山台地的人工木构护岸遗迹

　　西岸台地，原名李家山，临河处发现了保存良好的护岸遗迹（图 5-3）。这处木构护岸遗迹位于李家山台地边缘，揭露的一段长约 32 米，其方向大致为北偏西 16°，南北均未到头，由竹编物、木桩（图 5-4）构成。其中清理木桩共 63 根，压在隔梁下的大约还有 7 根，绝大多数为圆桩，仅 2 根为方桩。木桩直径在 7～16 厘米，间

图 5-4　木桩与其间的竹编物细部

距 30～40 厘米。竹编物主要由大量竖向宽 1～2.5 厘米的细竹和横向 1～5 根细竹交叉编织而成，宽度多在 50～80 厘米，个别地方宽达 90 厘米。该护岸遗迹的营建方式是用竹编物紧贴土台，然后在竹编外打上木桩。

图 5-5　钟家村台地上的一处红烧土遗迹

　　东岸台地，原名钟家村，土台上发现较大面积的红烧土堆积（图
5-5），内、外散布少量柱洞，从分布的形状和层位关系来看，烧土堆
积应当属于房屋建筑的铺垫层，方便立柱起墙。烧土堆积和边缘的废
弃堆积中发现较多陶片、燧石石片、玉料、玉钻芯、石钻芯以及半成
品木器等（图 5-6），显示出钟家村台地应该是手工业作坊区。

燧石料与燧石工具（上左）

燧石钻头（上右）

燧石钻头（中左）

玉钻芯（中右）

带切割痕的玉料（下左）

图 5-6　由于燧石的硬度比玉高，燧石钻头应该就是刻划玉器的一种工具。在没有金属工具的良渚，微雕"艺术家"们正是使用这些原始的雕刻工具，给我们展现了当时人们的精神世界。带切割痕的玉料则显示出，这块玉料原本应当是被选用于制作玉锥形器这类条形玉器的

图 5-7　板桩护岸及细部

图 5-8　竹编护岸及细部

　　其他航段也有护岸遗迹发现，如靠近莫角山高台的钟家港中段，木构护岸有零散木桩护岸和成排板桩护岸（图 5-7）这两种形式。而在钟家港的北段，我们还发现了直接用竹编做成的护岸（图 5-8）。

图 5-9（左） 石刀、石锄毛坯
图 5-10（右） 集中出土的石钺毛坯

从钟家港两岸台地的分布，以及沿岸倾倒的废弃堆积中出土的大
量与制作玉器、漆木器、石器、骨角器等有关的工具、半成品、废料
等推测，钟家港两岸应为手工业作坊的主要分布区。

在河道的北段，我们还很意外地发现了许多石器的毛坯（图 5-9、
图 5-10），包括石刀、石锄、石钺等。这些毛坯已基本打制成形，尚
待进一步的磨制加工。其中，石钺毛坯大致呈不规则梯形，打制成
坯，顶部较平而窄厚，刃部较宽而扁薄，长 17～23 厘米，宽 9～15
厘米。

图 5-11 凿有卯孔的木构件

　　除了玉器、石器以外，有赖于河道内细密的淤土对空气的隔绝，一些有机质的遗物和半成品、坯料等（主要是漆木器和骨角器）也得以保存下来。其中，大木作用料的保存情况最令人震惊。其出土地点，恰恰是靠近莫角山宫殿区的中段航道，此段航道内的生活垃圾含量极少，也没有发现加工作坊的大量废弃原材料。我们推测这是由于在宫殿区生活的人等级高，故而有集中处理生活垃圾的可能。然而，就在这段航道最早期的河道淤积层中，出人意料地清理出了数根巨型木料。其中包括一些凿有卯孔的木构件（图 5-11），其长 9.5 米，根

图 5-12（P68 左） 根部特写
图 5-13（P68 右） 卯孔特写
图 5-14（P69） 木材切片显微结构

部（图 5-12）未去掉，主干宽 18～30 厘米，厚 18 厘米，根部直径
44～47 厘米，正面加工平整，凿有 39 个未透方形卯孔（图 5-13），
尖端加工有一方形榫头。另外两根之一长 3.2 米，宽 13～40 厘米；
最短一根长 2 米，宽 20 厘米。而后经鉴定（图 5-14），该带卯孔的
木构件的树种为槲栎。

图 5-15　另一组巨型木构件

　　另外还有一组巨型木构件（图 5-15），发现后共清理出三根：两根是由整木对半剖开的；另一根则保留有原木形状，其南端为根部，尚未平整。为了搬运的需要，木料上留有一些牛鼻形的抓手（图 5-16 至图 5-18）。对半剖开的木头分别长 14.6 米和 17 米，经鉴定为蕈树；而保留了原型的那根长 17.2 米，经鉴定为麻栎。在良渚时期这些都是常见的木材。

　　在莫角山宫殿起筑时期，钟家港河道几乎呈南北通航的直线，这样最有利于木料顺水而下，被带到需要使用它们的地方，而后再进行

图 5-16（上左）　抓手特写

图 5-17（上右）　抓手内的穿绳

图 5-18（下）　麻栎木北端两个穿孔特写

加工。这就使人不由得联想，这些木构件与宫殿建筑是否有所关联。可惜的是，根据这几根木料的现状，考古人员暂时无法判断其用途，但也不排除它们搁浅此处还有别的可能。

图 5-19（左） 木盆毛坯出土情景

图 5-20（右） 单个木盆的毛坯

钟家港南段 T2732 ⑥：4，呈不规则圆饼形，周壁斜收，有
斧锛加工痕，两端弧凸可能为预留把手处，正面有两个同心
圆范线。整器径 24.2～28 厘米，厚 9.2～11.6 厘米

　　小木作的加工作坊也应在离河不远的岸边。我们在钟家港中发现
了一些木盆毛坯（图 5-19），主要是单个圆饼形的（图 5-20），也有
两个连体的。通过与出土的成品木盆（图 5-21 至图 5-23）对比，这
些木盆很有可能是要髹漆的。很多良渚文化遗址中都有漆器出土，尤
其是一些大墓里，那些身份显赫的人常常以漆觚或漆杯这类漆器随
葬。可惜的是，很多随葬漆器由于埋藏环境的原因，早已腐朽不存。
可以推测，钟家港这些髹了漆的木盆，也应是供等级高的权贵日常生
活使用的。

图 5-21　成品的漆绘木盆
（残件 1）

图 5-22　成品的漆绘木盆
（残件 2）

图 5-23　残件 2 漆绘细部

钟家港北段出土，圆形盆，敞口，除盆底下部以外，整体髹朱漆，外壁绘黑彩几何形纹样。口径 20 厘米、底径 19 厘米、高 4.5 厘米，壁厚 0.6～0.9 厘米

图 5-24（上左，下左） 朱漆方形镂孔木托盘
图 5-25（右） 漆觚

钟家港里还有大量的人工制品，如朱漆方形镂孔木托盘、漆觚、小编织环、竹筐、独木梯、木臿等。

如图 5-24 所示的朱漆方形镂孔木托盘于钟家港北段出土，方形浅盘（方形器皿在整个史前都较为罕见），其四角各有一对橄榄形镂孔，边壁髹朱漆。长 15 厘米，宽 14.5 厘米，高 4.8 厘米，盘深 1.3 厘米。

图 5-26　小编织环

如图 5-25 所示的漆觚于钟家港北段出土，整体被压扁，残碎成五块，敞口，尖唇，束腹，底部有一贯通穿孔，是加木塞的部位。器腹有两组凸棱纹，上部一组呈螺旋形盘绕，下部一组水平。器表髹朱漆，内壁发黑，口沿处也涂抹红漆。高 29.2 厘米，口径 4.3～9.3 厘米，底径 4 厘米。觚是青铜时代流行的酒器，在更早的史前时期，山东地区已经开始流行觚形的陶质器皿。在良渚，觚基本都以漆器的面貌出现：一则反映出器物本身的等级高；二则反映出使用者的等级高；三则反映出觚可能使用于饮酒之类的活动，而这是上层人士才享有的权力。

如图 5-26 所示的小编织环，直径只有 2～2.3 厘米，宽约 1 厘米，具体作用不详。对于良渚人来说，这并非什么珍品，但在今天的我们看来，却是如获至宝，应小心翼翼对待。

图 5-27（上左，下左） 编织物残件及其细部

图 5-28（右） 竹筐

图 5-29　独木梯

　　如图 5-27 所示的编织物残件，其形状不规则，北侧边缘近直，保存得较好，采用一潜二浮的方式编织而成，局部有数层，残长约 90 厘米，宽约 75 厘米。

　　如图 5-28 所示的竹筐，呈不规则卵圆形，采用一潜三浮的方式编织而成，残长 55 厘米，宽 34 厘米。

　　如图 5-29 所示的独木梯于河道垃圾层内出土，出土时背面朝上，利用带有枝杈的粗木加工而成，分四节，最上面一节以上部分残断，两节之间距离在 30～45 厘米。总长约 170 厘米，宽 8～16 厘米。这种独木梯早在 7000 多年前的河姆渡文化时期就为先民所用，通常作为干栏式建筑的起居面通向地面的梯子。

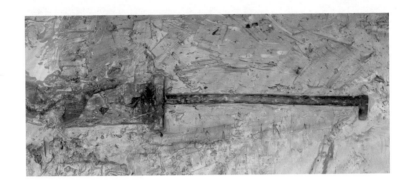

图 5-30　木耜

　　如图 5-30 所示的木耜，舌形叶面，刃边削薄，背部弧凸，有 T 形长柄。残长 67 厘米，叶长 21.5 厘米，叶宽 11.5 厘米。木耜是制作草包泥的重要工具。一耜土就是一个草包泥的土量。

　　由于暂时没有见到有同类的坯料出土，还不能认为这些一定是在钟家港两岸生产的，更有可能是人们的日常生产、生活用品。但不管这些产自何处，它们都是良渚古城内物质文化的典型代表，是良渚人生产力的体现。

图 5-31　钟家港出土的良渚文化晚期陶器

　　河道中的日常生活用器当然少不了陶器。目前，我们在钟家港中发现了良渚文化各个时期的陶器，但可以复原得较为完全的主要是良渚文化晚期的陶器（图 5-31）。这一时期，良渚古城内的水道交通与早期，也就是刚刚营建的时期，有些不同。钟家港中段，也就是出土前述大木作的地方，早已被阻断，形成南北两个断头浜。这很有可能就成了莫角山高台向东的一个通道。到了良渚文化晚期，一些水路随着台地的增筑而改道，其背后原因是人口的大规模增长，因而这些日常生活用器的品类更加丰富。除了典型的良渚传统文化外，一些周邻地区的文化因素也有所渗入。

图 5-32（左）　骨鱼钩
图 5-33（中）　骨镞（一）
图 5-34（右）　骨镞（二）

　　此外，河道中还出土了一些较为细碎的骨角制品，有镞、簪、锥、凿、骨饰片等，加工方式以砸、锯、磨为主。其中，磨制精细、形制成熟的骨鱼钩（图 5-32）十分罕见，通长约 3 厘米，钩身挺括，倒刺尖锐。尽管遗址中出土的鱼骨有限，但骨鱼钩的出现即可证明，丰富的水产品自然逃不过过着水乡生活的良渚人的食谱。大量骨镞（图 5-33、图 5-34）的存在，也同时说明了渔猎仍是良渚人的生业形态之一。

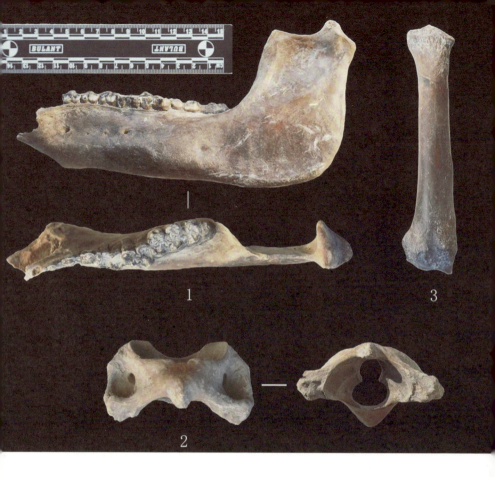

图 5-35　1. T2833 ⑦ E 猪左侧下颌骨；2. T2833 ⑦ D 猪寰椎；3. T2434 ⑦ B 猪右侧桡骨

　　河道里出土的大量动物骨骼（图 5-35）说明，对于良渚人来说，除了吃鱼，吃肉也很重要。目前已得到种属鉴定的包括鲨鱼、鲤鱼、草鱼、鲶鱼、乌鳢、鳖、龟、环颈雉、鼠、狗、虎、野猪、家猪、麂、水鹿、梅花鹿、水牛等。其中，猪骨在哺乳动物骨骼中所占比重最大，其中相当大一部分猪很有可能已经被人类驯化了。

图 5-36　桃核、李子、菱角、南酸枣

　　当然，荤素总是要搭配的。对钟家港河道中取回的土样进行淘洗后，我们获得了丰富的植物遗存。农作物仅见水稻，这是良渚人的主食。果实类种子占很大比重，如数量很多的南酸枣和桃核，部分李子、柿子、梅、杏、甜瓜、葫芦、栝楼、葡萄、菱角、芡实、粉防己、悬钩子属等。果蔬类的南酸枣、桃、李、杏等，淀粉类的菱角、芡实和莲，都是良渚人选取采摘的可食用植物（图 5-36）。可食用植物的含量大大超过了不可食用的杂草类，说明当时良渚人在夏秋时节应有大量采摘蔬果的活动。尤其是桃，经测量对比，良渚文化时期的

图 5-37　2014 年春天的莫角山

桃核明显比更早的史前遗址中所出者更大，且和现在的毛桃已经相差不大，判断属于人工栽培桃子。另外，桃的近缘种李子，也有很大可能属于人工栽培系统中的一种。

既然良渚文化时期已有了人工栽培的桃子，不知这遗址内何处是良渚人的桃园？历史偏偏如此巧合，莫角山得以保全，岂非正是大观山果园这大片桃林（图 5-37）的守护？

钟家港河道是 2016 年才开始进行考古发掘的，2016 年、2017年两个年度，此地配合申遗工程进行了紧锣密鼓的发掘，出土遗物、土样通通收藏在今天的良渚遗址考古与保护中心库房内。由于系统的整理工作还没有开始，钟家港内更多的遗物还有待考古人员的细细拣选，我们拭目以待。

Realm of King and God:
Liangzhu City

神王之国：良渚古城遗址

第六章　粮食满仓
——古城内的粮食遗迹

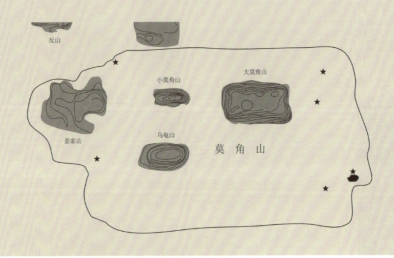

反山

小莫角山

大莫角山

姜家山

乌龟山

莫 角 山

莫角山

桑树头

毛坞茔

蓄水池

炭化稻谷
池中寺

皇坟山

自然水面

人工堤道

图 6-1（上） 良渚古城内发现炭化稻米的位置分布

图 6-2（下） 池中寺遗址的位置与周边环境

稻米堆积层

图 6-3 莫角山东坡 H11 内的稻米堆积层

良渚古城内 6.3 平方千米的范围尚未发现稻田，而炭化稻米堆积却发现有多处（图 6-1，图中★代表炭化稻米堆积）。而规模最大、炭化稻米堆积最丰厚的一处，是一个叫作"池中寺"的遗址（图 6-2）。从地名就能看出，这个遗址上可能在晚近时期有过寺庙，而四周应该被水面所环绕。而其具体位置，就在莫角山宫殿区的南面，皇坟山和桑树头之间，正对着大莫角山的西南角。如此重要的位置，不禁令人联想起"皇家粮仓"这类储备粮食的场所。

池中寺遗址的发现，可谓是偶然中带着一些传奇。这里原来建有瓶窑镇的儿童福利院，因为在遗址范围内，现在已经搬迁了，但其地

面的建筑还残存着，因此考古队原本希望可以征用此地作为永久的工
作站来配合遗址内的考古工作——这样只需简单整治一下环境，翻新
一下楼内装修即可。当然，遗址公园的建设方也有其他的考虑——他
们想在此处新建一些配合展示与体验的场馆。这自然是需要进行考古
勘探的，因为只有在勘探没有发现遗存的情况下，才有继续在此地建
设的可能。然而，勘探后传来的消息令人振奋！勘探人员在这一区域
大部分的探孔里，都发现了厚厚的炭化稻米（图 6-3）。这是不容忽视
的重要收获。相较之下，莫角山东坡的一个填埋了 2.6 万斤稻米的灰
坑，与这里的稻米埋藏量相比已是天壤之别。

经勘探，在池中寺东部，皇坟山和毛坞垄、莫角山宫殿区之间存
在一条人工营建的堤道，堤道呈南北向，长约 220 米，宽 20 米。该
堤道既是沟通皇坟山、池中寺、毛坞垄和莫角山的通道，同时又通过
自身的拦蓄，在莫角山、皇坟山和池中寺之间形成一处面积约为 3.4
万平方米的大型蓄水池（推测是城内宫殿区的重要水源地）。池中寺
西、南侧，则为低洼湿地，在良渚文化时期有大片水面。

因而，池中寺遗址为一水中台地，面积约为 1.2 万平方米，已被
证实为良渚时期人工堆筑而成。堆筑厚约 3 米，其中，上层有厚约 2
米的黄褐色堆筑土，其下为炭化稻谷堆积和青灰色堆筑土。炭化稻米
堆积（图 6-4、图 6-5）共分南北两大片，呈黑灰色，夹杂大量炭灰

图 6-4（左） 炭化稻米标本
图 6-5（右） 炭化稻米中的捆扎绳

及红烧土颗粒。南片叠压在池中寺台地下，面积达 6700 平方米，堆积厚度普遍约为 70 厘米，局部厚度达 120 厘米；北片仅局部叠压于池中寺台地下，面积达 5150 平方米，堆积厚度约为 25 厘米。两片炭化稻米堆积的总体量约为 6000 立方米。经测算，稻米量可逾 39 万斤！

考虑到庞大的炭化稻米埋藏量，以及池中寺四周的环境结构恰好符合建造粮仓的条件，我们初步推测，此处可能存在着良渚王国的大型粮仓。不过，此地的考古工作目前还不能给出更多确凿的证据来说明粮仓的真实存在，这主要是因为炭化稻米埋藏得很深，我们是通过勘探以及局部的解剖来知晓炭化稻米的分布和埋藏情况的，这不等于说我们可以了解到与这些稻米同时期的其他遗迹的情况，比如有没有粮仓类的房屋基址等。考古学要求从晚到早地揭露遗迹，而恰恰在炭

图 6-6　池中寺台地俯瞰图

化稻米堆积之上，又有人工加筑的 2 米堆积。这说明，在此地，那些与炭化稻米同时期的遗迹被废弃后，又被人们用来作为居住台地。按照考古学的要求，在池中寺（图 6-6）地表下，我们通过布设探方进行发掘，揭露了这后一个时期形成的房屋基址，但为了保存这些遗迹现象，就暂时没有向下发掘。

　　关于粮仓，我们做过一些推测。此处具备了建粮仓的条件，如果真是王国的粮仓所在位置，那粮仓是什么样的形制？稻米是如何存放的？这些炭化稻米的堆积是一次性形成的，还是多次形成的？形成原因是意外失火，还是有意识的焚毁？如果此地没有粮仓建筑，那稻米又为何出现在此处？但由于发掘工作还未至稻米堆积的深度（图 6-7），很多疑问我们还回答不了。我们只有怀揣着这些疑问，等待今后以更加深入的工作来释疑。

图 6-7　炭化稻米堆积的埋藏深度

Realm of King and God:
Liangzhu City

神王之国：良渚古城遗址

第七章　四面环城
——"中华第一城"的城墙遗址

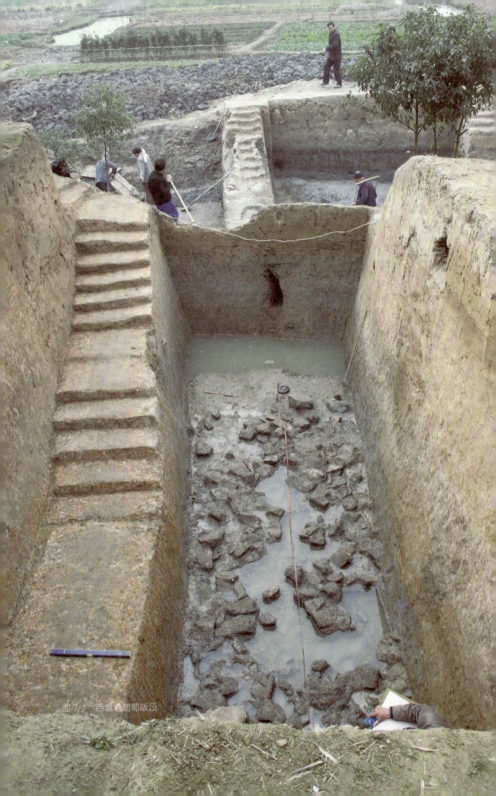

图7-1　西城墙葡萄畈段

　　良渚古城遗址在城墙被发现以前名声就很大了，因为它有大型的高台建筑，有反山那样王陵级别的墓地。可是，称其为"城"，却缺了城墙，这总是不太符合人们心中固有的关于城的概念。这种大型的土遗址发掘工作的难度就在这里——谁又能想到城圈该有多大的范围，农舍相连、田块纵横、道路交错，那些起伏的小高地表面上看并不规整，谁知道城墙会在哪里。若要着手寻找城墙，真是一筹莫展。

　　不过，机遇总是眷顾有心人。2006 年，为了安置遗址核心区的搬迁农户，在瓶窑镇葡萄畈（图 7-1）遗址高地西侧进行了一次考古发掘。良渚考古队领队刘斌老师（图 7-2）就撞上了这个机会。当时发现了一条南北向的壕沟，壕沟内有较厚的良渚文化晚期堆积，而壕沟的东侧是一道与之平行的高地。为了了解壕沟与高地的对应关系，刘斌老师选择在民房之间的一小块空隙处做局部的解剖。然而就是通过这次解剖，发现了高地地表向下 3 米多深处有一层石块，也恰恰是这层石块，指引刘斌老师最终找到了这四面围合的城墙。

图 7-2　良渚古城的发现者——刘斌

　　城圈总平面大致呈圆角方形，除了西北角为苕溪所冲毁，其余部
分多多少少在地表尚存隆起的堆土。城圈在选址时有意将雉山与凤山
这两座自然山体分别作为其东北角与西南角，其南北长约 1910 米，
东西宽约 1770 米，内部总面积可达 3 平方千米。这么大的面积在史
前简直不可思议。经过详细的考古勘探和解剖发掘，发现城墙（图 7-3
至图 7-6）主体底部普遍铺垫石块，但仅靠近自然山体的墙体夯土下
未见石块。城墙由主体和内外马面以及护坡组成。共发现马面 52 处，

图 7-3　北城墙墙体的解剖探沟

北城墙西起苕溪大堤，东至雉山，残留最高处约 4 米，总长 1156 米，宽 25 ～150 米，墙体有向内或向外的类似马面状的凸起。城墙墙体为夯筑而成，大部分夯土下铺砌石块，铺石宽 25～35 米。局部夯土利用了自然山体，下不见石块。夯土为致密的灰褐色和浅黄色黏土。城墙内外均有良渚文化晚期的生活堆积

其中内马面 24 处，外马面 28 处。马面厚度不统一，因而城墙整体宽窄并不均匀，宽 20~150 米不等。墙体残存最高的约 4 米，一般残高 2 米左右，西城墙北段由于靠近东苕溪，早年在修筑大堤时被取土挖掉，残高仅剩约 0.3 米。此外还发现了内外城壕、8 座水城门和 1 座陆路城门（图 7-7）。

图 7-4　东城墙墙体的解剖探沟

东城墙北起雉山，南端与南城墙呈圆角连接。南北长约 1392 米，墙体宽 22～91
米，夯土厚 1.3～6 米，大部分夯土墙体下铺砌石块

图 7-5　南城墙墙体的解剖探沟

南城墙西起凤山，东端与东城墙连接，保存较好，地表呈断续的台地。东西长约 1443 米，墙体宽 20～40 米，夯土厚 0.7～2 米，大部分夯土墙体下铺砌石块，铺石宽 20～27 米

图 7-6　西城墙—白原畈段的解剖探沟发掘现场

西城墙南起凤山，北接苕溪大堤，平面呈弧形，总长 1558 米，宽 30～65 米，夯土厚
0.2～2.2 米。城墙内外均有壕沟，城墙的坡脚有石头护坡

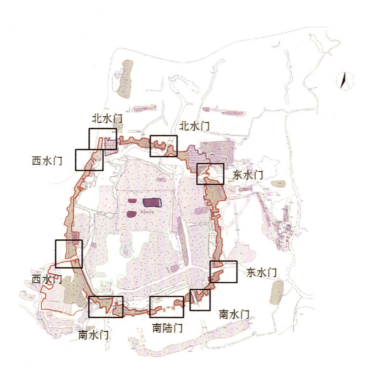

图 7-7　城圈轮廓与城门分布

水城门分布于四面，每面城墙各有 2 座水城门，城内外河道经水城门相接，构成内外水网与水路交通体系。西城墙的 2 座水城门门道较窄，可能是面临东苕溪来水方向有利于防洪的缘故。南城墙中部，在 2 座水城门之间，有 1 座唯一的陆路城门

图 7-8（上） 东城墙的墙体堆土解剖情况

图 7-9（下） 南城墙的铺底垫石的分区现象

图 7-10　北城墙水门——火溪塘遗址

　　因为是统一规划的堆筑行为，城墙的堆土与垫石有一种同样的特征，就是分块垄堆筑。我们从解剖墙体（图 7-8）得到的平剖面上可以看到这种现象——不同颜色的土块相互接合。每一块颜色均匀的土，很有可能就是一整船运输来的从附近山体同一地点取来的同一种山体土。垫石（图 7-9）也是类似，铺在一起的一片区域的石头，也很有可能是一整船运输来的同一地点采集的石头。

图 7-11　火溪塘遗址的良渚文化晚期水井

　　到了良渚文化晚期，宽阔的城墙顶部也开始成为人们可选择居住的场所。在北城墙东部有一个缺口——火溪塘（图 7-10），为水城门所在，其东西宽 26~32 米，南北长约 78 米，深 2~3 米，填土为青灰色淤土，城门底部有 40~80 厘米厚的河道淤土堆积，其中竖立有 7根木桩，整体向东倾斜，间距 50~100 厘米不等，木桩直径 8~10 厘米、高 40~60 厘米，应为火溪塘水城门中的某种木构设施。

图 7-12　美人地遗址的木板河岸

美人地遗址位于良渚古城东城墙东北部，为长条形土台，东西长约 270 米，南北宽 30～60 米，海拔 4～5 米。2010 年 3 月—2011 年 4 月，我们对美人地进行了解剖发掘，揭示出制作考究的居住台地、木板河岸和古河道遗迹，这些显示出了先民临河而居的生活模式

在城门被淤塞后，人们开始在城墙上居住，因而，在城墙上部还发现了良渚文化晚期的水井一口（图 7-11）。井口近方形，长 63～70 厘米，深 53～85 厘米，四边残存木框痕迹，南北向木痕长 100～104 厘米、宽约 6 厘米，东西向木痕长 103～108 厘米、宽约 6 厘米、厚约 1 厘米。其周围约 80 厘米范围为坚硬的黄褐色锈土，南北边缘放置石块。井底不平，四壁有竹板叠放的痕迹。井内出土器物有罐、壶、尊、豆等。

图 7-13　美人地遗址出土日用陶器

　　城圈内有前面介绍过的莫角山宫殿区、皇坟山高台、池中寺粮仓和钟家港交通要道，还有将在下一章中介绍的，分布着反山王陵、姜家山贵族墓地的一条高垄。这就是良渚古城城里的格局。而城外大约3.3 平方千米的范围内，仍密集地分布着良渚文化时期的遗址，并且为城南的卞家山遗址、城东的里山—郑村遗址、城北的扁担山—和尚地遗址等人工堆筑的长条形台地所围合。这些台地虽不像城墙这样是有意堆筑形成的城圈，但却也基本环绕着城墙形成了王国的外郭。在外郭和城墙之间，还分布着美人地（图 7-12、图 7-13）、钟家村、周村等长条形台地。这些长条形台地一般都是在沼泽地上由人工堆筑而成的，宽 40～50 米，高 2～3 米，内外临水。从考古发现来看，这些台地一般作为居住区和墓地使用。

Realm of King and God:
Liangzhu City

神王之国：良渚古城遗址

第八章　兴修水利
——外围水利系统的发现与研究

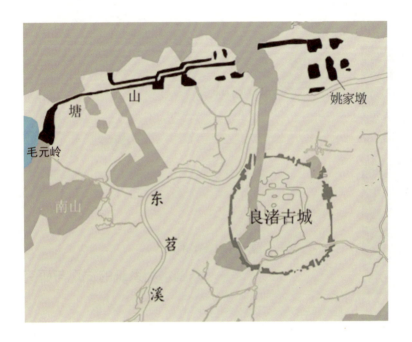

图 8-1　塘山土垣相对于古城的位置

　　良渚水利系统从发现到确认，时间跨度可达 20 多年之久。20 世纪 90 年代，在良渚古城北部的山前地带就发现了一条东西走向、大约 5 千米长的人工土垣，考古学上称其为"塘山土垣"（图 8-1），认为其可能是挡水大坝。然而，这条挡水大坝是如何发挥作用的，这个问题又难倒了一众考古人员。

图 8-2　塘山土垣出土的良渚文化玉料

　　1996 年底至 1997 年，通过对良渚遗址群北部的塘山土垣进行发掘解剖，以及对多处缺口断面的观察分析，初步确认东西绵延约 5 千米、宽 20～50 米、高 3～7 米的土垣为人工营建，且土垣堆积中发现有少量的良渚文化小碎陶片。在对土垣遗址的东端，接近芦村的位置进行的试掘中，又发现了数量较多的、有加工痕迹的良渚文化玉料（图 8-2），以及两座良渚文化的大型墓葬（图 8-3）。而墓葬与玉料的发现，说明土垣遗址在良渚文化晚期，也作为居住台地使用，因而有墓葬区、治玉作坊区等不同的功能分区。这与古城范围内良渚文化晚期人口增加的情形相符。

图 8-3　塘山土垣（金村段）良渚文化 M1

黄　土

淤　泥

图 8-4　岗公岭被取土破坏的剖面

岗公岭等坝体的堆筑方式与莫角山较为接近，下部为青淤泥，上部为纯净的黄土。整个水坝系统人工堆筑土方量达 288 万立方米，仅塘山长堤堆筑土方量就达 198 万立方米。这是同时期世界上规模最大的水坝系统，也是同时期规模最大的公共工程

　　2009 年，对这条土垣的认识终于开始有了转变。这一年，彭公地区的岗公岭挖山取土（图 8-4），其剖面显示出下部为青淤泥、上部为黄土的人工堆筑特质，这与良渚古城很多台地的堆筑方式一样。这使得我们初步判断它应该是良渚文化时期人工堆筑而成的，与塘山土垣一样，可能都有类似于水坝的性质。紧跟着，2010 年得到的距今

111

图 8-5　良渚古城外围水利系统分布

截至目前已发现 11 条堤坝遗址，主要修筑于两山之间的谷口位置，可分为南北两组坝群，分别为由塘山、狮子山、鲤鱼山、官山、梧桐弄等组成的南边低坝群，及由岗公岭水坝、老虎岭水坝、周家畈水坝、秋坞水坝、石坞水坝、蜜蜂垄水坝组成的北边高坝群，构成前后两道防护体系

4900 年左右的测年数据，令我们大为振奋。此后，良渚古城上游水利系统调查正式展开，至 2014 年，共发现水坝 10 处，这些与 1996 年发现的塘山土垣共同组成了良渚古城外围的治水体系（图 8-5）。

　　其中，古城北部的塘山长堤（图 8-6）西段为矩尺形的单坝结构，中段坝体具有双层结构，双层坝体中间形成东西向渠道，北坝略高，南坝略低。双层坝体的东端连接大遮山向南延伸的一条分水岭，分水岭以东为塘山东段，亦为单坝结构，连接到罗村、葛家村、姚家墩等

图 8-6　塘山长堤结构示意

位于良渚古城北侧 2 千米，北靠大遮山脉，距离山脚 100～200 米，全长约 5 千米，呈东北—西南走向，是水利系统中最大的单体

一组密集分布近郊村落址。

　　四条低坝（图 8-7）将平原上的孤立小山连接起来，长度在 35～360 米不等，宽约 100 米，坝顶海拔约 10 米，人工堆筑厚约 10 米，处于塘山长堤向西南的延伸线上。六条高坝（图 8-8）位于古城西北部 8～11 千米处，坝体长 50～200 米，宽约 100 米，堆筑高度为 10～15 米。可形成两组库区，其中岗公岭、老虎岭、周家畈水坝坝顶海拔 25～30 米，秋坞、石坞、蜜蜂垄水坝坝顶海拔 35～40 米。

113

图 8-7　古城西南侧低坝现状

高坝与低坝之间的库区略呈三角形，库区地势很低，现今仍为泄洪区

岗公岭(6)　　老虎岭(7)　　周家畈(8)

图 8-8　古城西北侧东组高坝现状

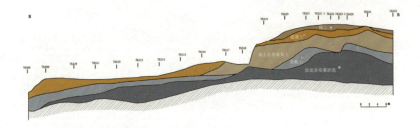

图 8-9　老虎岭水坝剖面结构示意

　　根据水利专家对溢洪道位置的估计，整个水利系统在良渚古城北部和西北部形成面积约 13 平方千米的储水面，蓄水量可达约 275 万立方米。

　　良渚古城从莫角山宫殿区到城墙的堆筑技术，就已匪夷所思，更别说这十几千米开外的水利设施。很多人怀疑水坝的修建年代，但也说不清它到底是什么时候、什么人修建的。历史文献中也没有关于它的只言片语。考古人员证明，水坝是良渚人的杰作，用的是相对年代和绝对年代两个概念。相对年代是通过遗迹单位间的叠压打破关系，了解坝体是被哪个时期的遗存所叠压的，这样就能知道坝体的年代下限不晚于叠压它的遗存的年代。

图 8-10　老虎岭水坝剖面上显示出的草包泥堆筑情况

从这个剖面上可以清晰地看到，像城墙的堆土和垫石一样，草包泥也有着明显的分区块堆筑的
情况。这也应是堆筑过程的一种反映。每块颜色接近的草包泥应来自同一条运输船。当草包泥
被运送至此后，直接被堆在了一处，简化了堆料过程，提高了堆筑效率

根据老虎岭水坝剖面结构示意图（图 8-9），可以发现，老虎岭水
坝堆筑前，首先统一在谷底地面上铺筑青膏泥混杂着淤泥制作的草包
做基础（图 8-10），其上堆筑青粉土。然后在北侧迎水面附近堆筑黄
土制作的草包，内部间杂使用黄色散土，其上覆盖黄褐散土为护坡，
顶部覆盖褐色土。其建筑工艺与莫角山土台如出一辙，这也是判断其
属于良渚古城组成部分的重要证据。

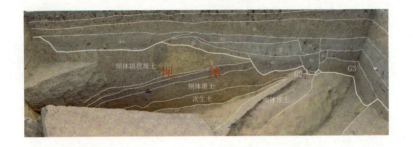

图 8-11 G3 与坝体的层位关系

通过考古解剖，打破老虎岭坝体的灰沟 G3（图 8-11），里面出土了 T 形鼎足、侧扁形鼎足、盉足等典型良渚文化陶片（图 8-12），这些属于良渚文化晚期。而后 G3 自身又被马桥文化时期的沟 G2 打破。这是考古上最常用的层位学方法，以判断遗迹的相对年代。由于灰沟 G3 极有可能属于良渚文化晚期，那么至少可以说明，坝体的相对年代不会晚于良渚文化晚期，即不会晚于距今 4500 年左右。

通过碳 -14 测年，则可以相对了解到水坝营建的绝对年代。目前，水坝的测年数据全都落在距今 5100～4700 年，属于良渚文化早中期，与莫角山高台的始建年代、反山王陵的年代基本一致。

图 8-12　G3 内的良渚文化晚期遗物

　　整个水利系统可能兼有防洪、运输、用水、灌溉等诸多方面的功能。天目山系是浙江省的暴雨中心之一，夏季极易出现山洪，对地处下游平原的良渚遗址群形成直接威胁。通过水利系统的高、低两级水坝，可将大量的来水蓄留在山谷和低地内，以解除洪水威胁。同时，天目山系可以为遗址群提供丰富的石料、木材及其他动植物资源。通过筑坝蓄水形成的库区，可以形成连接各个山谷的水上交通运输网络。

Realm of King and God:
Liangzhu City

神王之国：良渚古城遗址

第九章　绝地天通
——瑶山、汇观山祭坛遗址

　　说起"祭坛"，很多人可能第一时间想到的就是北京的天坛、地坛，那是明清两代最高统治者祭祀天地神祇的场所。或者，也会想起一些传说故事、古老民俗里，神秘而血腥的祭祀仪式。的确，祭祀活动在古人的思想观念中，长久以来都占据国家大事之首位。为了满足生产、生活各种方面的需要，祭祀的对象、祭祀的内容、祭祀活动的形式、举行祭祀仪式的场所都有着纷繁复杂的门类。

　　史前遗址中，我们通常会将一些性质不明的遗址"甩锅"给祭祀活动，其实这也不是没有道理的。因为古人，尤其是史前的先民，举行祭祀活动的形式与场所我们不得而知。在经验上没有认识的情况下，只能暂时将一些不同寻常的遗迹现象判断为祭祀遗迹，以待进一步的判定。

图 9-1　瑶山、汇观山祭坛的位置

　　良渚古城遗址的外围，就有这样两处遗址——瑶山与汇观山（图9-1），它们都建在小山丘上。这两处引人注意的遗迹除了排列有序的高等级贵族墓地外，墓葬所依托的带有"回"字形灰土框结构的遗址本体，更加耐人寻味。

　　瑶山是一座海拔约35米的自然山丘，位于良渚古城东北约5千米处，其西面为凤凰山，南面为馒头山，东面原有一相连的小山已在开石矿时被挖掉，北面是绵延的天目山支脉。

图 9-2　瑶山遗址远景（由西南往东北）

　　1987 年，在瑶山（图 9-2）顶部进行的考古发掘中，首次发现了可能属于祭坛类建筑的遗迹。经过 1996 年、1997 年、1998 年以及 2017 年的发掘，瑶山祭坛的外形得到最终的确认。其主体是依托山顶砂性红土修筑的一处垒石包边的长方形覆斗状土台，正南北向，东西长约 40 米，南北宽约 19 米，土台西北角残存的石坎（图 9-3、图 9-4）高近 1 米，土台以下的山体也因势修出石坎，以加固边坡或修整活动平面。

图 9-3　现存的西北角石坎（2017 年摄）

图 9-4　祭坛下南坡石坎（自西往东）

祭坛西灰土沟

中心土台

祭坛总范围

图9-5 瑶山祭坛顶部平面结构

在土台西半部中央，有一个东西约9米、南北约11米的"回"字形灰土框（图9-5）。内外土色的鲜明对比，使得这一结构在山顶上尤为突出。这样有意的安排，一定是有某种作用的。然而，山顶贵族墓地的排葬却打破了"回"字形土框结构，这似乎意味着在这些死者下葬的时候，"回"字形土框的结构已经不发挥作用了。

汇观山的情况也是类似的。汇观山位于良渚古城西北约2千米处，海拔约22米。1991年的考古发掘揭示出其顶面结构（图9-6）与瑶山出奇相似。其顶部的祭坛平面亦是利用自然山体修凿而成的，东西长45米，南北宽33米。低于顶面约2.2米处为人工铺筑的向外延展的地面，据此推测，在祭坛主体的四周，原先都应该有供人举行仪式的开阔平台。同样，在祭坛顶面偏西处，有一个"回"字形的灰土框。并且，也是在祭坛的西南部，发现了一处残存4座大墓的良渚文化墓地。

图 9-6　汇观山祭坛复原图

　　此类特殊的遗迹现象倘若只是偶一发现，我们甚至都难以判断墓地所依托的祭坛是什么时代的建筑。因为祭坛遗迹十分纯净，没有可以用来判断年代的器物和碳 -14 样品。但是，在瑶山和汇观山出现了同样的遗迹现象，说明良渚贵族墓地的修建与祭坛的营建，虽不能判断是同一阶段的活动，但却有着密切的关系。

　　这其中，贵族墓地是一个重要线索。因为在良渚文化时期，贵族墓地的选择绝不是草草了事的。这两处遗址能够被选用来埋葬这些等级高的人物，也就表明了遗址本体就具有神圣的地位。加之开阔的山顶平台与灰土框的四角朝向，不由得使人联想起古人祭祀活动中四方、四时这类内容。

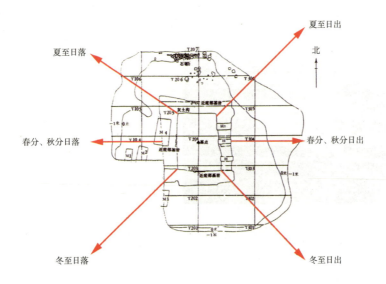

图 9-7　汇观山祭坛二分二至时的日出日落方位示意

　　那么，朝着观象授时的方向考虑，很有可能就可以解答汇观山、瑶山祭坛的功能（图 9-7、图 9-8）问题了。通过两年的实地观测，发现冬至日的日出方向正好与两座祭坛的东南角所指方位一致，而日落方向正好与西南角所指方位一致；夏至日的日出方向正好与东北角所指方位一致，而日落方向正好与西北角所指方位一致；春分、秋分日的太阳则恰好从祭坛的正东方向升起，又从祭坛的正西方向落下。如果将灰土框移位，则会因为山脉的遮挡而无法在同样的角度看到日出日落。这样准确的规律显然不会是一种巧合。

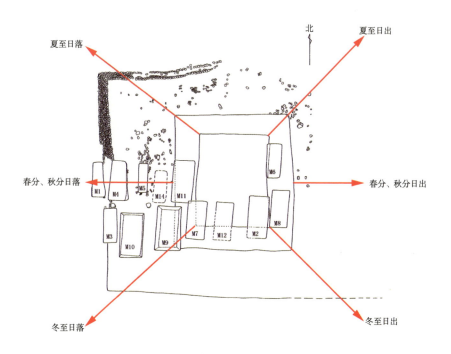

图 9-8　瑶山祭坛二分二至时的日出日落方位示意

　　良渚文明的农业成就，从古城内屯粮的情况即可见一斑。如果没有完备的历法实践来指导农事活动，则是不可想象的。因此，从观象授时的角度来推测瑶山、汇观山祭坛的作用有一定的合理性，毕竟，日月星辰对于古人掌握物候变化是非常重要的。然而，关于具体的观测内容和祭祀活动的形式，我们仍不能得见其详。

Realm of King and God:
Liangzhu City

神王之国：良渚古城遗址

第十章　亡者之居
——等级分明的排葬体制

　　从整个良渚文化的分布区来看，墓葬往往是良渚文化遗址中最普遍的发现。换句话说，我们发现的很多良渚文化遗址，都是以墓葬的形式存在的，完整的村落遗址十分难得。墓葬，是具体到个人的遗迹单位，是所有种类的遗迹遗物中能与良渚人直接发生关系的遗迹。因此，通过研究墓葬，我们能够比较直接地掌握良渚文化时期社会的等级结构，从而了解当时社会的复杂化程度。

　　良渚古城内外（图 10-1）分布着大量的良渚文化时期墓地：从位置上看，有城内墓地和城外墓地；从等级上看，有王陵级别的墓地、高等级的家族墓地、一般平民墓地等。综合性质与等级来看，这些墓地大致可以分为以下几类：第一，祭坛大墓，有瑶山与汇观山两处；第二，宫城王陵，有反山一处；第三，宫城贵族墓，有姜家山一处；第四，外郭墓地，有文家山、仲家山、卞家山三处；第五，城外墓地，目前黄路头这处已做系统发掘，还有许多地点发现零星的良渚文化墓葬，但尚未揭露出较大规模的墓地。并且，到了良渚文化晚期，古城最初设计的格局一定程度上已经不存在了，宫殿区附近、水坝上都可见一些晚期小墓。

图 10-1　良渚古城内外已发掘墓地的分布情况

　　祭坛大墓都建在城外，且距古城中心有一定的距离。其中，瑶山墓地属于良渚文化早期，汇观山上最早的大墓也是这个时期的。由此，我们推测，祭坛大墓落葬的时候，应该正是古城营建之时，而那些得以葬在神圣祭坛上的人们，应是当时的最高统治者。这就意味着，他们很有可能就是良渚古城的建设者。凭借这几代"先公先王"的高瞻远瞩，良渚古城最终得以坐落于这群山环抱之中。

图 10-2　瑶山墓地全景

　　瑶山墓地的全景如图 10-2 所示。在瑶山祭坛偏西部发掘有良渚文化墓葬 13 座，其中，部分墓葬破坏了灰土框所形成的设计结构，这说明墓地的营建应当是在灰土框这一结构的功能废止后才开始的。墓地南北成行，排列整齐，男性葬于南排，女性葬于北排，并以居中者地位最高。这可能反映着墓主生前的地位高低。

图 10-3　瑶山 M7 全景

　　瑶山 M7（图 10-3）位于南排男性墓的中央，用随葬品来判断的话，墓主恰好也是地位最高的男性。墓圹（即墓穴）长 3.2 米，宽 1.9米，现存深度为 1.3 米，墓底南部见有人头骨与牙齿的朽痕，表明其头朝南。随葬陶器位于墓主脚端，为鼎、豆、缸等常见的明器（即冥器）。其中玉器铺满周身，为高等级贵族享有的琮、钺等成套玉礼器和大量装饰性玉器（见表 10-1）。紧邻陶器处，还有一件嵌玉漆器，13颗小玉粒呈同心圆状环绕分布，其间有朱红色漆痕，可惜已无从复原。

表 10-1　瑶山 M7 出土的部分玉器

玉器种类	尺寸	特点
M7 出土玉琮（M7:34）	通高 4.4 厘米，射径 7.5 厘米，孔径 6.4 厘米	此器为矮体单节玉琮，内孔壁近圆环状，外壁略弧鼓，截面呈弧边方形。四角凸块以转角为中轴，雕琢有"神徽"的兽面部分，而神人部分已简化为其上部的两组弦纹带
M7 出土玉钺（M7:32）	通长 16.3 厘米，宽 10.3～13 厘米，孔径 1.5 厘米	体扁薄，平面近梯形，平顶有崩缺，圆弧形刃。近顶部有一个对钻圆孔（两面对钻的孔），孔两侧各有一组向顶角延伸的细密线痕，应是玉钺装柄时的捆扎痕迹。玉钺出土时，有钺瑁、钺镦配套成组
M7 出土玉钺瑁（M7:31）	通高 6.7 厘米，宽 7.7 厘米，厚 1.5 厘米	其外形取自冠状饰的对半，顶部以台阶状表现神冠的侧面形象。底部有凸榫，凸榫中部开一道直槽

续表

　M7 出土玉钺镦（M7:33）	通高 3.5 厘米，宽 7.5 厘米，厚 3.4 厘米	体横截面呈橄榄形，底端呈台阶状。装柄处有椭圆形的榫头。钺瑁、钺镦表面均布满细密的线刻，并且，两者所刻绘图案结构相同，上下呼应
　M7出土玉冠状饰(M7:63-27)	通高 3.3 厘米，宽 5.4～7.2 厘米，厚 0.2 厘米	此器呈倒梯形的薄片状。顶为凹字形，凹陷中部凸起，下有一椭圆形穿孔。两侧边呈凹弧形。底部有扁平状凸榫，上有两个对钻的小孔。此器出土时，周围散落有 26 枚小玉粒，原应与冠状饰一同镶嵌在某种已经腐烂的有机质头冠上
　M7 出土玉三叉形器（M7:26）	通高 4.8 厘米，宽 8.5 厘米，厚 0.8 厘米	左右两叉平齐，中叉较低。中叉顶端有竖向贯通的钻孔。正面刻完整的"神徽"纹，背面光素。其最具创意之处在于，将神人的面部一分为二，置于左右双叉之上。中叉刻绘兽面，并保留了神人的羽冠

图 10-4　瑶山 M11 全景

瑶山 M11（图 10-4）位于北排女性墓的中央，是地位最高的女性墓，下葬时间比 M7 要早，因此在挖筑 M7 墓坑的时候，墓坑的西北角恰好打破了 M11 的东南角。墓圹长 3.15 米，宽 1.7 米，现存深度为 1.58 米。人骨已腐朽无存，墓底残见板灰痕迹，应是棺的位置，随葬品均置于棺内。虽然已无骨殖以判断性别，但其随葬品（表10-2）还是能体现出鲜明的性别指征意义。比如陶器中的过滤器、玉器中的璜、纺轮用具中的玉纺轮，都是女性贵族墓中用以随葬的器具，而 M11 不见男性墓中常见的玉钺或石钺也是其为女性墓的重要旁证。

表 10-2　瑶山 M11 的部分随葬品

玉器种类	尺寸	特点
M11 出土玉璜（M11:83）	通高 7.45 厘米，宽 15.8 厘米，厚 0.4 厘米	半璧形，两端各有一个对钻圆孔。朝上的半个璧孔中有两侧向内拱尖的透雕，一侧接近孔壁处有上下两个小钻孔

续表

 M11 出土玉璜（M11:84）	通高 4.8 厘米，宽 12.7 厘米	半璧形，两端各有一个对钻圆孔。两面均以透雕与阴线刻的技法表现较为抽象的兽面图案
 M11 出土绞丝纹玉镯（M11:68）	通高 2.3 厘米，直径 6.5 厘米，孔径 5.7 厘米	宽环带状。内壁平直，外壁琢一周平行的斜向凸棱，形成绞丝状。此种形制的玉镯，在良渚文化中尚属孤例
 M11 出土玉纺轮（M11:16）	纺轮直径 4.3 厘米，厚 0.9 厘米，孔径 0.6 厘米；杆长 16.4 厘米	纺轮呈圆饼状，与穿过中孔的长条形杆组合出土。杆一端收成尖锥状，有对钻的小孔，顶端较钝，残有半个穿孔。这一组合虽非实用器，但造型源于日常生活，有助于我们理解史前时期大量存在的陶、石质纺轮的用法

　　当然，仅凭这种排葬方式，我们还无从得知 M7 与 M11 的墓主究竟是何种关系。墓地中有男女分行排列的，目前也就瑶山一处能体现出这么明显的规则，因此，也很难借鉴其他材料来了解。但我们可以试想若干种关系，它们可能是姻亲或血亲亲属，也可能只是轮流掌权的统治者。在这里，有必要对如何判断墓主性别做一些普及：目前大多数良渚墓葬中，骨骼早已腐朽不存，因此性别的判断源于对史前大量确定男女墓主的墓例中随葬品特点的归纳。一般来说，随葬石钺、玉钺这类武器或者王权象征物，以及随葬石锛、石凿这类工具，佩戴三叉形器的墓主是男性；而随葬纺轮，佩戴玉璜，随葬陶质过滤器的墓主是女性。

　　再来说汇观山的墓葬，汇观山 M4（图 10-5）所在位置，相当于瑶山 M11，其打破了灰土框的西边。墓圹长 4.75 米，宽约 2.5 米，内有一棺一椁为葬具，曾有棺盖和垫板，但已腐朽。墓主头朝南，随葬陶器于椁内，而琮、璧、钺、镯、冠状饰等玉器及 48 件石钺则贴身近存于内棺之中。

图 10-5　汇观山 M4 全景

图 10-6　反山墓地全景

　　与瑶山、汇观山排葬方式相似的墓地，在良渚古城的控制范围内，目前就仅见反山一处。这几个墓地最大的特点是，阶级成分整齐，即整个墓群内埋葬之人清一色都是贵族，没有其他等级的人。只是从随葬玉器的多少上，反映出贵族间身份的参差。反山墓地（图10-6）是1986年发掘的，一经发掘便举世闻名。然而，直到2007年，良渚古城遗址被确认后，我们才明白，原来，这座王陵级别的贵族墓地就位于古城内的西北角，紧邻莫角山宫殿区。这样，反山王陵的地位就更加明确了。它不仅占据了最为核心的位置，而且在整个良渚文化分布区内也是同时期等级最高的。

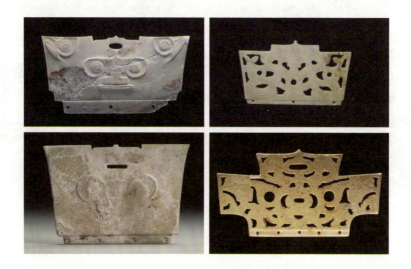

图 10-7　反山墓地出土的冠状饰[M22:11（上左），M15:7（上右），M17:8（下左），M16:4（下右）]

冠状饰的特殊之处，在于其唯一性（墓里只出一件）和普遍性（高等级墓中常见）。反山 11 座墓各出土一件冠状饰，它们不像以数量之众显示财富的玉璧，不像以数量与体量显示地位的玉琮，不像以功能区别性别的三叉形器，不像标志军权在握的玉钺。冠状饰大概是男女领袖皆需佩戴的身份标识。它以神冠之形象征神冠，佩戴之人也即享有了神人属性

反山是一座东西长 120 米、南北宽 80 米、相对地表高出 5～6 米的，完全由人工堆筑而成的长方形土墩。考古人员在反山顶部 600 多平方米的墓区中，发掘清理了两排共 11 座良渚文化高等级墓葬，有陪葬精美玉器（如图 10-7 所示的冠状饰等）逾千件，另有陶器、石器、漆器等近百件。

反山 M12（图 10-8）的墓坑长 310 厘米，宽 165 厘米，深 110 厘米，位于南排居中位置，为整个反山墓地中等级最高者。之前登上央视《国家宝藏》的"玉琮王"（图 10-9），就出自这个墓。此件玉琮出土时位于墓主人左肩上方，通体南瓜黄，有不规则的紫红色瑕斑。体分两节，通高 8.9 厘米，重约 6.5 千克，堪称"琮王"。四个转角与四面中间的直槽内，均雕刻有"神徽"形象。"神徽"图案采用浅浮雕与细线刻两种技法雕琢而成，极尽繁缛。每一节转角处上下成组的图案恰与直槽中完整的"神徽"相呼应，其所表现的内涵也与"神徽"相同。除此之外，M12 中还出土了其他大量的精美玉器（图 10-10）。想来墓主生前一定享尽最高贵的荣光，只可惜，安寝于棺床之上的尊贵之躯早已归于尘土，只留下他华美的冠帽衣饰、礼玉重器、权力法杖……令 5000 年后的我们叹为观止。

图 10-8
反山 M12 全景

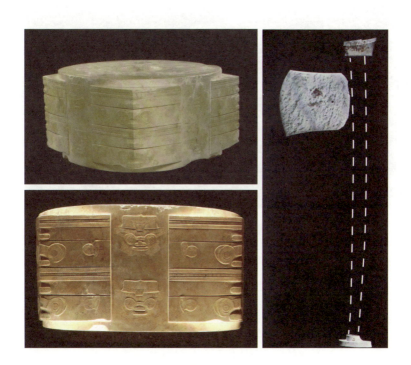

图 10-9（上左，下左）　M12:98 "玉琮王" 正视与侧视图

图 10-10（右）　M12:100 玉钺装柄复原图

瑁、镦与玉钺配套出土，两者相距 70 厘米，疑为原先装柄的长度。钺
是象征军权的重要武器，而玉钺作为首领的权杖，象征着墓主集军权、
王权于一身的特殊地位

图 10-11（左） 反山 M20 全景
图 10-12（右） M20 中部琮、钺出土场景

　　反山 M20（图 10-11、图 10-12）位于北排中央，墓坑南北长约
4 米，宽近 2 米，深约 1.35 米。其礼玉具备，极尽奢华，以 43 件玉
璧、24 件石钺的占有量，显示出惊人的财力。一部分器物出土于距墓
底较高的位置，可能是下葬时置于椁盖板类葬具上的器物。

　　M20 同 M12 一样，随葬玉钺和三叉形器这些标志男性身份和权
力的玉器。从玉琮的演进顺序来看，M20 的年代稍晚些。这位接替了
先人的后辈，也作为一代神王统治着这个国度。在他看来，除了无上
的神权和王权，财权也应带入死后那个永恒的世界里。

图 10-13（左）　反山 M23 全景
图 10-14（右）　反山 M23 冠状饰与璜出土场景

　　而反山 M23（图 10-13、图 10-14）是一座女性墓，位于北排东端，墓坑南北长约 3.9 米，宽近 2 米，深约 1 米。墓底筑有凹弧形棺床。有大量随葬玉璧（图 10-15），共计 54 件。M23 在墓主的头部右侧出土了包含冠状饰在内的头饰，这点与男性墓类似。而与男性墓不同的是，M23 不见三叉形器，取而代之的是一件玉璜（图 10-16），在佩饰中也可见玉璜的使用。其他与男性墓不同的地方主要在于，缺少玉钺这一军权的象征，却随葬了一些与纺织有关的器具（图 10-17）。我们并不能肯定她是不是哪一任神王的配偶，或许她本身也是一位站在权力顶端的神王。

图 10-15　反山 M23 玉璧出土场景

图 10-16　M23 出土玉璜（M23:67）

半璧形，正面弧凸，背面较平整，两侧边中部有对钻的小系孔。正中有简化的浅浮雕"神徽"图案，两系孔外侧有浮雕鸟纹。体宽 13.88 厘米，最厚处达 0.8 厘米

图 10-17　反山 M23:151~156（从左至右）纺织端饰

端饰共三组，出土时叠压于墓室中北部的玉璧下，基本保持原来的摆放位置。两端各三件，一一对应。其中 M23:151 和 M23:152 这对端饰，均由两块组件拼合而成

M23:151 通高 4.7 厘米，厚 1.1 厘米；M23:152 通高 4.35 厘米，厚 1.1 厘米。外形呈喇叭状，截面为椭圆形，每一件的两个组件顶端各有一个小卵孔

M23:153 通高 3.05 厘米，厚 0.7 厘米；M23:154 通高 2.95 厘米，厚 0.7 厘米。外形呈马蹄状，截面为椭圆形，顶端各有一个小卵孔

M23:155 通高 4.35 厘米，厚 1 厘米；M23:156 通高 4.35 厘米，厚 0.9 厘米。外形近长方体，一面略弧凸，顶端有两个小卵孔

图 10-18　M23 出土过滤器（M23:208）

　　比起华丽的随葬玉器，墓内的陶器往往已破损朽烂到难以提取的
程度。从修复的情况看，高等级贵族墓的随葬陶器也是以明器为主，
这点和平民差别不大。女性墓内随葬陶器种类略多，其中有一种从崧
泽文化发展而来的陶过滤器（图 10-18），似乎是女性专有的随葬陶器。
然而，它上层托盘底部原有的小滤孔已经消失，这说明作为墓内随葬
的器物，这种过滤器已失去了原有的功能。

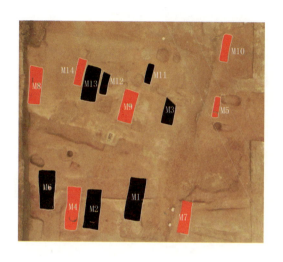

图 10-19　姜家山墓地平面图（黑色表示男性墓、红色表示女性墓）

2015 年冬，就在反山墓地以南、莫角山宫殿区正西侧的姜家山又发现了一处贵族墓地。而姜家山墓地再往南约 200 米的桑树头，1970 年也曾出土过玉璧等良渚玉器。联系这一系列墓地的发现，良渚城内的布局逐渐清晰，我们恍然大悟，原来，生与死的距离是那么接近。

姜家山遗址（图 10-20）位于莫角山高台西部，与莫角山之间隔了一条良渚文化时期的河沟。整个姜家山台地平面大致呈长方形，东

图 10-20　姜家山 M1 全景

西长约 270 米，南北宽约 220 米，面积超 5 万平方米，最高处海拔约 14 米。姜家山土台依托自然山体，经人工堆筑而成，堆筑厚 2～5 米。通过 2013 年和 2015 年的两次发掘，确认了姜家山台地存在东、西两大功能不同的分区。东部地势较高，是良渚文化晚期的居住区；西部呈缓坡状，是良渚文化早期的墓葬区。2015—2016 年，该处共清理墓葬 14 座（图 10-19），其东西成行的排列方式与反山相似，墓地的年代也与反山接近，但构成墓地的人群结构与反山有本质差异，即除了 M1、M6、M8 等贵族墓葬外，也有普通居民的墓葬。该墓地的一大特点是不同性别的墓葬穿插分布。除了随葬品有所差异外，头的朝向也是一个重要的分别。绝大多数的墓葬呈现男性头朝南、女性头朝北的规律。

姜家山 M1（图 10-20）为姜家山墓地随葬品最为丰富的贵族墓葬，且棺椁具备。从随葬品可以推测出墓主为男性，头朝南（图 10-20 中上方为南）。出土器物（图 10-21 至图 10-27）中，玉礼器有玉琮、玉璧，虽无玉钺出土，但随葬石钺 9 件。象征神性的佩饰有冠状饰、三叉形器、成组的锥形器等，另有大量管、珠等其他饰品。

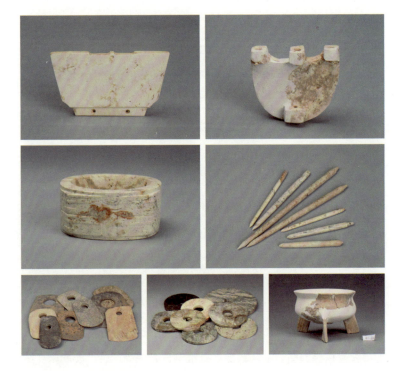

图 10-21 （上左）　M1:2 冠状饰

图 10-22 （上右）　M1:3 三叉形器

图 10-23 （中左）　M1:26 玉琮

图 10-24 （中右）　M1:13 成组锥形器

图 10-25 （下左）　M1 出土石钺

图 10-26 （下中）　M1 出土玉璧

图 10-27 （下右）　M1:62 陶鼎

图 10-28　姜家山 M8 全景

　　而姜家山 M8（图 10-28）墓主为女性，头朝北（图中上方为北）。出土器物（图 10-29 至图 10-36）中，玉礼器仅有 1 件玉璧。随葬女性的特征性佩饰有玉璜、玉纺轮，另有冠状饰、玉镯等。随葬陶器有甗、鼎、罐、豆和过滤器，这些也是标识女性身份的特征性陶器组合。

图 10-29（上左） M8:15 冠状饰

图 10-30（上右） M8:32 玉璧

图 10-31（中左） M8:54 过滤器

图 10-32（中中） M8:30 玉镯

图 10-33（中右） M8:53 豆

图 10-34（下左） M8:54、63 甑、鼎

图 10-35（下中） M8:55 圈足罐

图 10-36（下右） M8:8 璜与管串

图 10-37（左） 文家山 M1 全景

图 10-38（右） 文家山 M1 出土玉、石器

文家山遗址位于良渚古城外西南部，依托海拔 7.1 米的自然山体。在 2000 年 11 月进行的抢救性考古发掘中，发现一处延续时间较长的良渚文化墓地，共清理墓葬 18 座，出土器物 300 余件。

文家山 M1（图 10-37）位于墓地西南部，在墓地现存墓葬中等级最高。随葬品（图 10-38）共 106 件，皆置于棺床内：北部以石钺和陶器为主，且石钺量极大，达 34 件；南部以玉器居多，但两件玉璧发现于北部墓主脚端。残见有木棺类葬具的痕迹。

图 10-39（左） 卞家山 M46 全景

墓坑长 230 厘米，宽约 70 厘米，墓地葬具腐烂，木质纹理尚存。人骨骨渣呈现的形状较凌乱，疑似为二次葬。随葬品中包括此处墓地较为罕见的玉冠状饰，无其他礼玉。从陶器中随葬纺轮而玉石器中不见钺的情况来看，墓主应为女性

图 10-40（中） 卞家山 M61 全景

葬具保存完好，上有圆拱的盖板，下为凹弧形底板。南半部经揭露，露出部分腿骨骨渣，陶鼎、陶豆、陶纺轮，玉锥和玉管，并可见漆觚遗痕

图 10-41（右） 卞家山 M49 全景

环太湖地区良渚文化得以保存下来的人骨少之又少，这就显得 M49 的骨架非常珍贵。这是一个没有随葬品的女性，在这墓地中应属于等级较低的平民

　　而从地层出土的玉琮、玉璧来看，该墓地还存在着比 M1 等级更高的，或者不同时期的显贵墓葬，可惜，早年已被破坏损毁了。

　　卞家山遗址（图 10-39 至图 10-41）最初为长条形村落址，至晚期被纳入良渚古城的外郭体系中，成为外郭城南墙的主体。遗址呈东西向长条形，长约 1000 米，宽 30～50 米，高出农田 1～2 米。2003—2005 年期间，于发掘区北部清理出良渚文化墓地一处，中部清理出良渚文化中晚期大型灰沟两条，南部清理出良渚文化晚期的水埠及木构码头。2017 年夏天，又在原发掘区以西清理出良渚文化墓葬 8 座。墓地沿用时间较长，基本贯穿良渚文化发展全过程。墓葬等级差别不大，平均每座墓有 7 件随葬品，随葬玉器多为装饰品，基本不见礼玉。多座墓葬保留有葬具的木质纤维，个别墓葬内还保存有可辨人形的骨渣。小孩墓占有一定比例，随葬品数量、种类与成人相当。

　　这些普通平民墓中主要以陶器随葬，此类陶器烧制火候较低，制作多不甚规则，是专门用以陪葬的明器，以鼎、豆、壶、罐的组合较为常见（图 10-42 至图 10-49）。

图 10-42（上左）　M9:6 鼎

图 10-43（上中）　M15:7 鼎

图 10-44（上右）　M9:8 壶

图 10-45（中左）　M9:5 豆

图 10-46（中中）　M62:3 宽把杯

图 10-47（中右）　M5:4 双鼻壶

图 10-48（下左）　M9:7 盆

图 10-49（下右）　M15:8 圈足罐

　　黄路头遗址（图 10-50）位于古城范围以外，已处于城北塘山水坝的东端。然而，黄路头遗址所在的高垄形地貌却与城内大有关联，因为其所处的高垄一直向南延伸至古城内，也就是说其与反山、姜家山、桑树头这些城内墓地都处于同一条高垄上。并且这条高垄上的许多地点，如王家墩、甬窦湾、盛家村、黄泥口、黄泥山等地，早年出土或是传闻出土过玉、石器，因而，这些地点描述起来均像是有墓地存在。基于这些信息，我们认为，良渚人可能会很有意识地选择这条高垄作为葬地。或许是因为其地势略高，或许还有一些我们暂时不了解的风水上的考虑。

　　2016—2017 年对黄路头墓地进行发掘，共清理崧泽文化晚期至良渚文化早期墓葬 33 座。发掘面积约 600 平方米，发掘区内生土北南高、中部低，中部有较厚的良渚文化堆积。大多数墓葬在第二层扰土下开口，打破人工堆筑的黄土层。除个别墓葬属于崧泽文化外，大多数墓葬属于良渚文化。墓葬均不见葬具与人骨，半数墓葬随葬器物数量在 10 件以内，还有半数墓葬随葬器物数量在 10～20 件。随葬陶器均为小型明器；石器以石钺为主，偶见石锛、石镞；玉器除 M26出土 1 件玉钺，M21（图 10-51）出土 1 件冠状饰为礼器外，其余多为锥形器、管、珠等玉饰（图 10-52）。此外，参照姜家山墓地，黄路头也存在不同性别墓葬头朝向不同的现象。

图 10-50　黄路头遗址的位置

　　从瑶山、反山、姜家山、文家山、卞家山等这一系列墓地来看，通过观察墓主的玉礼器占有情况，以及墓葬的营建方式，我们可以看出墓主身份地位的差别，从而推测，在良渚古城，社会已经至少可分为三个等级。

　　最高等级的墓地是集中埋葬贵族的墓地，墓主是清一色的权贵阶层，或可认为是统治阶级，即"王"，这里除了繁复的玉饰品以外，均随葬系列化的玉礼器。稍次一等的是埋葬少数贵族，兼有普通民众的

图 10-51　黄路头 M21 全景

图 10-52　M21 出土的冠状饰和玉锥形器

墓地，这更像是一个具有血缘或姻亲关系的族群聚族而葬。再次一等级的墓地，如卞家山这种，墓主之间的贫富差距较小，随葬的玉器少有礼器，多为小件装饰品。

借鉴其他一些遗址里的情况，我们会发现，其实还存在更低等级的墓地，这类墓地体现出一种杀殉或丛葬的意味。最显著的如江苏昆山赵陵山遗址的丛葬墓群，墓葬没有明显的墓坑，尸骨普遍存在身体

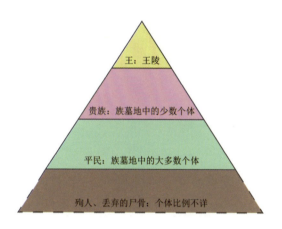

图 10-53　良渚古城反映的社会等级结构

被绑缚、肢体不全、身首分离等非正常死亡现象。这样的墓地在古城内虽尚未发现，但在钟家港河道里出土的一些有着累累砍痕、切痕甚至钻孔的人骨，也暗示出这些人所遭受的非人虐待。

总的来说，这样的四个社会等级（图 10-53），足以反映出良渚社会的最高权力已集中在少数人手中。

Realm of King and God:
Liangzhu City

神王之国：良渚古城遗址

第十一章　神王之国，文明乍现

图 11-1　东山村 M98 崧泽文化大墓

图 11-2　凌家滩 07M23 崧泽文化大墓

　　至此，考古发现和考古学阐释已经为我们呈现出良渚王国之国都气象。这是中国境内 5000 年前的超大型聚落。论年代，它是最早的；论面积，它是最大的。而后的历史时期，哪怕是明清两朝的紫禁城，也不过这座古城面积的四分之一。一个坐拥如此大城的政体，就是国家。尽管我们现在还很难凭借反山、瑶山大墓的现存状况来排出王的世系，但王的存在已毋庸置疑。

　　然而，考古史上不缺史前大墓的发现，贫富分化的产生时间也远比我们所能想象的早。比如，在比良渚文化时期更早的时候，太湖流域北侧、宁镇一线的崧泽文化迅速崛起。江苏张家港东山村遗址（图 11-1）、安徽含山凌家滩遗址（图 11-2）中发现的崧泽文化晚期大墓都显示出大量财富的集聚和对权力的把持。其所反映的社会等级区分，已基本接近良渚文化时期。这些崧泽大墓的墓主，俨然已具有王的身份。

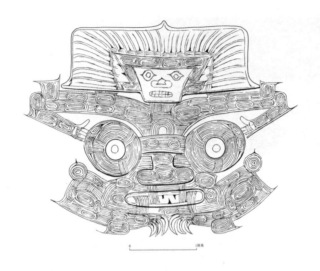

图 11-3 良渚"神徽"线图

可到了良渚文化时期，自然的财富积聚已无法体现作为国家的良渚上层统治阶级的特权地位。此时，良渚王们在营建都城之时，还创造了一套用以规范民众思想的统一信仰，其物化的表现形式就是良渚"神徽"。

比较完整的"神徽"图案通常被精细地雕刻在琮、钺等高等级玉礼器上，而关于"神徽"图案（图11-3）的辨识，在20世纪70年代良渚玉器经确认以后，也经历了10多年。直到1986年反山12号大墓"玉琮王"的出土，考古人员才得以了解"神徽"完整的构图：上部是头戴羽冠的人的形象，中间是圆眼、有獠牙的猛兽的面目，下

图 11-4　程式化的"神徽"与两侧的神鸟

部是飞禽的利爪，这种人、兽、飞禽的复合形象充分反映出良渚人的造神观。这种神人兽面的刻纹，配合左右神鸟（图 11-4）的形象，向我们讲述了良渚人的造神观和宇宙观。与很多史前时代艺术图像的支离破碎不同，"神徽"不是高等级玉礼器上一次即兴的刻纹，细细观察之下，它以各种繁简不同的面目出现在几乎全品类的玉器上，成了为数不多的玉器装饰纹样主题中最重要、最普遍的一种。以微雕阴刻的手法或与浮雕配合，或与镂孔配合，或与玉器造型融为一体，越是诸多变幻，就越说明"神徽"信仰深深根植于良渚人的观念中，并且长达千年之久。

我们看反山王陵里的墓主人，从头到脚用玉器将自己打扮成其心中所认为的神的模样，因为他们生前就享有着王权神授的尊荣，所以要将神的眷顾带到死后的世界，与先人们一起跻身神的行列。

从统治者到国都，从物质生活到精神世界，良渚给我们呈现的文明因素是一个相对完整的集合体，这就超越了史前同期的其他考古学文化所创造的那些迸发着文明火花的一处又一处碎片化的遗迹。良渚文明，当之无愧。这是中国第一次将文明书写的起点，提至距今5000多年前，而良渚王国，也是第一个从未知到已知，完全在考古人坚持不懈的努力下发掘所得、重现天日的文明国度。

实证 5000 年的中华文明，已是良渚古城最为重大的历史意义和社会价值。然而，在考古人看来，发现良渚古城的意义可远不止于此。

首先，良渚古城遗址对史前聚落遗址的范围提出了颠覆性的认识。在良渚古城确立以前，我们对聚落的认识往往还停留在几万、几十万平方米的聚落上，以环壕或者城墙作为聚落边界的标识。而良渚古城的发现则告诉我们，史前城址的范围很有可能大到我们无法想象。城墙、环壕外，仍有大范围的遗址存在，其作为整个聚落的组成部分，是不可分割的。礼仪性的建筑、城防设施等，更有可能在远离聚落中心 10 千米左右的山前地带。而当这些认识成为我们的经验，在平时考察某些遗址的时候，我们就能更多地关注到一些近距离遗址间的关系。当它们被单独考虑时，可能只能体现出遗址本身存在的遗迹遗物所体现的价值，而如果当它们被结合起来考虑时，却能反映出更多的内容，从而开拓我们的思路。

　　第二，良渚文明的确认，使得文明探源的思路发生了模式性的转变。历来，在中原王朝文明根深蒂固的观念下，我们对中华文明的认识总有一些刻板印象。"大一统""逐鹿中原""中央集权"之类的关键词，成了束缚我们思考的障碍，同时也成了良渚文明这个概念获得认可的过程中需要直面的问题。关于良渚文明是不是华夏文明，良渚文明有没有可能演进为"大一统"的集权国家这些问题，考古人员也必须做出合理的解答。事实上，考古人员更容易理解这个问题。从 1 万年前的新石器时代以来，文化的发展从来都是一个区域性的演进过程。中国幅员辽阔，多样化的自然地理单元，孕育出各大区域不同的文化面貌。良渚文明所代表的是长江下游地区，从 7000 多年前的马家浜文化开始，到 6000 多年前的崧泽文化，随着延续不断的文化序列发展而来，长江下游地区社会复杂化程度迅速加深。从而，长江下游地区社会性质发生了质变，诞生了目前所能辨识出的最早的文明形态。良渚文明当然不等于华夏文明，它是一种区域文明，标志着

5000多年前的长江下游地区进入文明时期。这就促使文明探源的视角发生转变，即从对全局性的文明国家的定义的寻找，转向对长江流域、黄河流域、辽西地区、河套地区等区域文明形态的追求。这样的研究模式已初见成效。多元化的区域文明在不断的交流与碰撞、传播与传承中，将古人的智慧代代相传，最终凝聚成华夏民族之魂。

后记　Postscript

　　在良渚做考古是很幸运的，40多平方千米的保护范围不仅保护了遗址，也使得考古工作能得以稳步有序地开展。相比之下，在其他很多地区，很多重大发现是在基建项目的抢救性发掘中发现的，之后仍需在遗址保护和经济建设中斡旋。发掘工期受限、发掘面积受限、发掘经费受限，在遗址保护区没有建立或者建立不到位的情况下，遗址中很多关键的部分很有可能会变得荡然无存。这令很多考古人员感到有心无力。因而，良渚的考古工作模式不仅仅是考古人努力的结果，也是地方政府重视遗产保护，给考古工作不断创造条件而共同取得的成果。

　　2018年春季以前，良渚古城考古队就驻扎在最高的宫殿区大莫角山的旁边。这是考古队队员们，也是很多业内专家学者留恋的地方：有着几栋小楼、一汪池水、一小片菜地。猫狗满院的考古工作

良渚考古队"八角亭"工作站

2018 年初，冬雪中的工作站

猫狗满院、兵强马壮（上）
橘胖家的三兄妹（下）

工作站的落日余晖

站，在年复一年的寒暑交替中，为良渚古城书写着前世今生的故事。领队刘斌老师说，考古有时需要一点想象。每当他踱着步子走出院门，往大莫角山这古城中心的最高点走去，他就觉得仿佛能与古人通话。他经常琢磨着在古城里生活的良渚人，是在哪里起居，在哪里举行仪式，如何通航，码头在什么位置，如何进行堆筑台地的施工……不断假设，不断求证。根据越来越多的线索、越来越多的迹象，修正自己的认识，又催生出新的认识。

工作站边积雪沉沉

　　如今，考古队已经驻在新的良渚遗址考古与保护中心，就坐落在古城的南门外。新的办公室、新的实验室、新的宿舍、新的库房，焕然一新的工作环境更有利于日常工作的开展，合作研究与交流访学活动也更加便利了。不过，似乎考古队队员们更怀念遗址里的那个小院，那个进进出出非常不方便，时而断水、时而停电的小院，或许，这就是考古人的一点怀旧感吧。

图书在版编目（CIP）数据

神王之国：良渚古城遗址 / 朱雪菲著. —杭州 ：
浙江大学出版社，2019.7（2023.12重印）
　（良渚文明丛书）
　ISBN 978-7-308-19197-5

Ⅰ．①神… Ⅱ．①朱… Ⅲ．①良渚文化—古城遗址
（考古）—研究 Ⅳ．①K878.34

中国版本图书馆CIP数据核字（2019）第111875号

神王之国：良渚古城遗址

朱雪菲　著

出 品 人	鲁东明	
策 划 人	陈丽霞	
丛书统筹	徐 婵　卢 川	
责任编辑	陈丽霞　丁佳雯	
责任校对	仲亚萍	
装帧设计	程 晨	
排 版	杭州林智广告有限公司	
出版发行	浙江大学出版社	
	（杭州市天目山路148号　　邮政编码 310007）	
	（网址：http://www.zjupress.com）	
印 刷	浙江省邮电印刷股份有限公司	
开 本	880mm×1230mm 1/32	
印 张	6.125	
字 数	120千	
版 印 次	2019年7月第1版　2023年12月第6次印刷	
书 号	ISBN978-7-308-19197-5	
定 价	58.00元	